KSZTAŁTOWANIE ZDROWYCH KOŚCIOŁÓW

WYDANIE SPECJALNE – JESIEŃ 2017

# Reformacja i Twój Kościół

**Kontakt w USA:**
www.es.9marks.org
revista@9marks.org
9Marks ISBN: 978-1-950396-42-9

**Wydano przy współpracy z:**
www.wiernislowu.pl
kontakt@wiernislowu.pl

**Projekt okładki, skład i łamanie:** Remigiusz Neumann
remekneumann@gmail.com

**Druk:** Drukarnia Wydawnictwa ARKA
ul. Blogocka 28, 43-400 Cieszyn
www.arkadruk.pl

# SPIS TREŚCI:

**6** Słowo od polskiego wydawcy
Tomasz Krążek

**7** Słowo od wydawcy
Jonathan Leeman i Alex Duke

**8** Reformacja a Boża chwała
John Piper

**11** Niedziela tuż przed 95 Tezami
Steve Nichols

## REFORMACJA I TWÓJ KOŚCIÓŁ

**13** Czy pastorów powinna obchodzić Reformacja?
D. A. Carson

**17** Mądrzy ludzie to ludzie, a prawda jest prawdą
Brad Littlejohn

**20** Co członkowie Twojego Kościoła powinni wiedzieć o Reformacji
Shawn Wright

**28** Jak Reformacja zmieniła historię Kościoła – cztery przykłady
Alex Duke

## REFORMACJA I DZIEWIĘĆ CECH ZDROWEGO KOŚCIOŁA

**32** Jaką rolę odegrało nauczanie ekspozycyjne w Reformacji?
Michael Reeves

**34** Krótkie spojrzenie na doktrynę przypisania według Jana Kalwina
Thomas R. Schreiner

**36** Jak Reformatorzy odkryli na nowo Ducha świętego i prawdziwe nawrócenie
Sinclair Ferguson

**39** Czy Reformacja na nowo odkryła Wielkie Posłannictwo?
Michael Haykin

**42** Dwa spojrzenia na dyscyplinę kościelną: protestantyzm a rzymski katolicyzm
Jeremy Kimble

**46** Dwa spojrzenia na autorytet w kościele: protestantyzm a rzymski katolicyzm
Gregg R. Allison

**50** Jak Reformacja przywróciła właściwe znaczenie sakramentom?
Bobby Jamieson

**55** Marcin Luter: Reformator poradnictwa duszpasterskiego
Bob Kellemen

# Słowo od polskiego wydawcy

Tomek Krążek

Reformacja protestancka z XVI wieku bez wątpienia była jednym z najistotniejszych wydarzeń historycznych dotyczących Kościoła Jezusa Chrystusa po czasach apostolskich. Zarówno ciąg wydarzeń, który poprzedzał Reformację, jak i ten, który ją stanowił, są niezwykłą manifestacją Bożej suwerenności oraz Bożej troski o swój Kościół.

Choć Reformatorzy byli dalecy od doskonałości, to przyglądając się postaciom i wydarzeniom Reformacji, bez wątpienia widzimy w nich wiele pozytywnych i wciąż aktualnych lekcji dla nas dzisiaj. Co więcej, nigdy nie powinniśmy zapominać naszych duchowych i historycznych korzeni. Oczywiście, nasze źródła, jako ewangelicznie wierzących chrześcijan, pierwszorzędnie i przede wszystkim sięgają Pisma Świętego. A jednak, w pewnym sensie, nasza tożsamość jest także ukształtowana przez ciężką pracę tych, którzy wiernie służyli ewangelii na długo przed nami.

Celem tej publikacji jest między innymi przedstawić Tobie przodków, którzy walczyli o to, by przywrócić centralne miejsce w Kościele Słowu Bożemu, jako ostatecznemu i nieomylnemu autorytetowi w sprawach życia i wiary. Mam nadzieję, że owa publikacja - krótka, lecz treściwa - rozpali jeszcze mocniej Twoją miłość do prawdy oraz pomoże Tobie zrozumieć i docenić niezwykły wkład Reformacji w ochronę i kształtowanie prawdziwego Kościoła.

Dodatkowo, żyjemy w kraju, w którym wiedza na temat Reformacji jest z reguły znikoma lub, ze względu na panujący klimat religijny, po prostu się ją zniekształca. W związku z tym liczę na to, że owa publikacja może być dobrym materiałem także dla Twoich nieewangelicznych znajomych i przyjaciół, którzy są ciekawi tematu.

Spójrzmy więc wstecz z wdzięcznością na dorobek Reformacji, jednocześnie patrząc w przód z nadzieją na dalszą reformację w Kościele Pana Jezusa.

*Ecclesia Reformata et Semper Reformanda!*

# Słowo od wydawcy

Jonathan Leeman

Obchodzimy 500-lecie Reformacji protestanckiej i nie brakuje nam publikacji na ten temat. Dlaczego czasopismo 9Marks miałoby dołożyć do tego stosu swoją?

Poprosiliśmy naszych współautorów o zgłębienie znaczenia Reformacji szczególnie w stosunku do lokalnego Kościoła i pastora. Dlaczego pastorom powinno zależeć? Zwróć uwagę na artykuł D. A. Carsona. Co Reformacja ma wspólnego z głoszeniem ekspozycyjnym, ewangelizacją, dyscypliną kościelną, władzą kościelną w szerszym zakresie, obrzędami, czy nawet poradnictwem duszpasterskim? W tej publikacji znajdują się artykuły dotyczące także tych zagadnień.

Istnieje oczywiście niebezpieczeństwo w idealizowaniu przeszłości. Artykuł Brada Littlejohna stanowi kluczowe ostrzeżenie w tym aspekcie. Większe zagrożenie może jednak istnieć w zapomnieniu o tym całkowicie. Na przykład, Michael Reeves w swoim artykule na temat głoszenia ekspozycyjnego, cytuje podane przez Jana Kalwina cechy kazania sprzed Reformacji. Były one wypełnione, jak podaje Kalwin, „uroczymi opowiadaniami", a „nie niezbyt zabawnymi spekulacjami", z "jedynie garstką zwrotów... wrzuconych gdzieś pomiędzy z Bożego Słowa". To brzmi jak precyzyjny opis wielu kazań w dzisiejszych czasach, prawda?

Zacznij zatem od relacji Stephena Nicholsa. Przenosi on nas w czasie i pomaga wyobrazić sobie to, co można było usłyszeć w kościele, w niedzielę tuż przed przybiciem przez Lutra dziewięćdziesięciu pięciu tez na drzwiach katedry w Wittenberdze. Jest to migawka tego, na co zareagowali Reformatorzy – ciemność, która panowała nad „chrześcijańską" Europą.

Tym samym, zadaj sobie pytanie, jak możesz uczyć swoje zgromadzenie na temat Reformacji. Mark Dever, w swoim kościele, przez okres 2017 roku, przeznaczał wstęp i zakończenie każdego swojego kazania na nauczanie właśnie o Reformacji. Jak Ty wyposażasz swój Kościół w wiedzę o mądrości i głupocie przeszłości? Jeśli tego do tej pory nie czyniłeś, to cieszę się, że mogę przedstawić Tobie zdumiewające historie i prawdy, których Twój kościół może się nauczyć od osób, które żyły przed nami – tak jakby mogli usłyszeć wielką symfonię po raz pierwszy!

# Reformacja a Boża chwała

John Piper

Reformacja protestancka zasadniczo stanowiła polemikę z Kościołem rzymskokatolickim na temat tego, jak bezradnymi jesteśmy w obliczu naszej martwoty i winy. Reformatorzy uważali, że jedynie łaska mogła nas wzbudzić z martwych i jedynie Chrystus mógł ponieść karę za nas samych i stać się naszą doskonałością. Te dwa cuda – nowe życie oraz oddalenie gniewu Bożego - można jedynie przyjąć jako dar przez wiarę. Nie można na nie zasłużyć lub zapracować, a wszystko to dlatego, by całą tę transakcję zwieńczyło oddanie chwały *jedynie Bogu - soli Deo Gloria*.

### 1. Czym jest chwała Boża?

Podstawowym znaczeniem słowa „świętość" jest „oddzielenie" od tego, co powszechne. Kiedy odniesiemy tę definicję do nieskończonego „oddzielenia" Boga od wszystkiego tego, co powszechne, to w efekcie staje się On kimś nieskończenie „jedynym w swoim rodzaju". Tak jak rzadko spotykany i najdoskonalszy diament na świecie.

Od pierwszej do ostatniej strony, wspaniałą dominującą rzeczywistością przedstawioną w Biblii jest nieskończenie cenna, czysta i piękna boska niepowtarzalność. Widać ją w stworzeniu i we wszystkich Bożych czynach w historii oraz w odkupieniu, *ponieważ Boża chwała jest zewnętrznym blaskiem wewnętrznej wartości, piękna i wielkości Jego różnorakich zalet.*

Odnoszę się do blasku piękna Jego „różnorakich zalet", ponieważ Biblia mówi o mocy Jego chwały (2 Tesaloniczan 1:9), chwalebnej Bożej łasce (Efezjan 1:6), itd. Każda z cech Boga stanowi stronę diamentu, którym jest Boża chwała. Gdyby Bóg utracił którąś ze swoich cech, straciłby na swojej wspaniałości. Oznaczałoby to, że nie byłby Bogiem.

Kiedy mówię więc o Bożej chwale, nie traktuję jej jako czegoś, co Bóg posiada, ponieważ stanowi ona część Jego istoty. Boża chwała jest blaskiem wartości, piękna i wielkości Jego samego, tak aby ci, którzy są zbawieni, mogli ją duchowo dostrzec, delektować się nią i ją okazywać.

### 2. Dlaczego Boża chwała jest celem wszystkiego?

Bóg tak chciał. To był Jego plan na wieczność. To było Jego celem i zamysłem w całym stworzeniu, historii i odkupieniu. Bóg stworzył, podtrzymuje, zarządza i zbawia w taki sposób, aby objawić Swoją chwałę.

Wszystko rozpoczęło się wraz z Jego celem zawartym w stworzeniu: „Niebiosa opowiadają chwałę Boga" (Psalm 19:1). Po to właśnie istnieją. „Przyprowadź moich synów z daleka i moje córki z krańców ziemi! Wszystkich, którzy są nazwani moim imieniem i których ku swojej chwale stworzyłem, których ukształtowałem i uczyniłem" (Izajasza 43:6-7).

Cel ten dotyczy wszystkiego, co Bóg czyni: „w którym też przypadło nam w udziale stać się jego cząstką, nam przeznaczonym do tego od początku według postanowienia tego, który sprawuje wszystko według zamysłu woli swojej, abyśmy się przyczyniali do uwielbienia chwały jego, my, którzy jako pierwsi nadzieję mieliśmy w Chrystusie" (Efezjan 1:11-12). „Albowiem z niego i przez niego i ku niemu jest wszystko; jemu niech będzie chwała na wieki. Amen" (Rzymian 11:36).

Dlaczego istnieje taki bezkres niezamieszkałych galaktyk a tylko jeden mały punkt zamieszkują ludzie? Wszechświat nie ma za zadania przedstawić wielkości człowieka, ani nawet całego stworzenia jako takiego. Bożym planem jest dać nam choćby blade pojęcie na temat Jego wzniosłości i majestatu. A to i tak mało powiedziane.

Bóg stworzył, podtrzymuje, zarządza i zbawia bezbożnych *soli Deo gloria*.

## 3. W jaki sposób Boży usprawiedliwieni ludzie mogą najpełniej uwielbić Boga?

Jestem chrześcijańskim hedonistą. Uważam, że Bóg jest najbardziej uwielbiony w swoich sprawiedliwych wtedy, kiedy znajdują w Nim pełnię zaspokojenia. Uważam, że pastorzy i teolodzy, którzy napisali wspaniałe podsumowanie nauczania Reformacji w Westminsterskim Katechizmie, dali temu wyraz w słowach: „Głównym celem człowieka jest czcić Boga i radować się Nim na wieczność".

Nie stwierdzili oni jedynie, że naszym celem jest czcić Boga, ale czcić Go i radować się Nim. Oddawanie czci i radowanie się nie zostały przez nich określone jako dwa różne cele, ale jako pojedynczy. Wychwycili oni to, co Paweł miał na myśli, mówiąc: „Śmierć jest zyskiem" (Filipian 1:20). Gdy piękno i wartość Chrystusa będą najjaśniej świecić, wtedy Paweł odnajdzie swoje największe zaspokojenie w Chrystusie – nawet jeśli będzie wiązało się to z cierpieniem, a ostatecznie nawet ze śmiercią.

Bóg zaplanował, byśmy odkryli, że Jego chwała niesie ze sobą pełnię zadowolenia. Nie dlatego, by pokazać, że ostatecznym celem wszechświata jest nasze szczęście, ale dlatego, byśmy zobaczyli, że pełen chwały Bóg, najwyższa wartość we wszechświecie, staje się największym Skarbem w momencie, gdy staje się największą przyjemnością Swoich ludzi.

## 4. Jeśli tylko Bogu należy się chwała, to co z przemienieniem ludzi w uwielbioną postać?

Kiedy mówimy: soli Deo gloria – jedynie Bogu chwała – powinniśmy przez to rozumieć, że jakakolwiek chwała, która jest współudziałem człowieka, jest chwałą, która docelowo zwraca uwagę na źródło i cel wszystkiego – chwałę Bog

Biblia mówi niezwykle jasno, że dzieci Boże zostaną uwielbione Bożą chwałą:

> *My wszyscy tedy, z odsłoniętym obliczem, oglądając jak w zwierciadle chwałę Pana, zostajemy*

*przemienieni w ten sam obraz, z chwały w chwałę (2 Koryntian 3:18).*

*Umiłowani, teraz dziećmi Bożymi jesteśmy, ale jeszcze się nie objawiło, czym będziemy. Lecz wiemy, że gdy się objawi, będziemy do niego podobni, gdyż ujrzymy go takim, jakim jest (1 Jana 3:2).*

*A których przeznaczył, tych i powołał, a których powołał, tych i usprawiedliwił, a których usprawiedliwił, tych i uwielbił (Rzymian 8:30).*

Dlaczego Bóg jest tak zdeterminowany, by uczynić nas chwalebnymi Swoją własną chwałą? Nietrudno na to odpowiedzieć. Jezus powiedział, że naszym celem jest, by Jego radość – Jego boska radość – była w nas i by była zupełna (Jana 15:11; 17:13). Nie da się jednak włożyć silnika odrzutowego z 747 do malutkiego samochodu Smart. Nie ma możliwości, by ogrom Bożej radości pasował do zhańbionej ludzkiej duszy. Zostaniemy uwielbieni, ponieważ jest to jedyny sposób, byśmy zostali w pełni zaspokojeni w Bogu, tak by Bóg został w pełni uwielbiony w nas (Jana 17:24-26).

Mam nadzieję, że ciągnie Cię do Jezusa – by przyjąć Go przez wiarę. Wszyscy ci, którzy Jemu ufają, nieważne, jak grzeszni by nie byli, są teraz usprawiedliwieni jedynie przez łaskę, nie dzięki jakiejś zasłużonej przychylności. Jedynie na podstawie samego Chrystusa, a nie z powodu jakiejkolwiek innej ofiary czy sprawiedliwości. Jedynie poprzez wiarę, a nie przez jakiekolwiek ludzkie uczynki. Wszystko po to, by naszym celem mogło być radowanie się Bogiem jako największym Skarbem naszego życia oraz ukazanie Jego chwały, która przynależy ostatecznie tylko i wyłącznie do Niego samego.

---

***O autorze:*** *John Piper jest założycielem i nauczycielem desiringGod.org oraz kanclerzem Bethlehem College & Seminary. Przez 33 lata służył jako pastor kościoła Bethlehem Baptist Church w Minneapolis. Możesz go znaleźć na Twitterze @JohnPiper.*

# Niedziela tuż przed 95 Tezami

Stephen Nichols

Z dzwonnicy wybrzmiał dzwon. Czas zebrać się na mszę świętą.

To jednak nie była zwyczajna niedziela. Ktoś powiedział nam, że usłyszymy homilię. Zwykle homilie słyszeliśmy tylko podczas Wielkanocy lub Adwentu, a także w święto patrona naszego kościoła. Ale to był październik i nie byliśmy pewni, dlaczego akurat w tym miesiącu usłyszymy homilię.

Wtedy, Jonas, kupiec tkanin, wyjaśnił. W zeszłym tygodniu sprawy biznesowe zabrały go na wzgórze miasta. Wszyscy jego klienci wciąż byli wstrząśnięci tym, co usłyszeli w poprzednią niedzielę. Ich duchowny wygłosił homilię, którą można określić jedynie jako historię grozy. Opisywał martwych krewnych krzyczących z bólu w czyśćcu. Położył swoją dłoń na uchu i nachylił się ku ziemi tak, jakby był w stanie usłyszeć ich jęki. Zobrazował płomienie tak realnie, że wszyscy w ławkach myśleli, że czują wokół wzrost temperatury. Jeden klient powiedział Jonasowi, że niektóre kobiety rzeczywiście omdlewały. Po wszystkim, nikt nie odważył się wypowiedzieć żadnego słowa. Wszyscy tkwili w milczeniu.

Wszystko to wydarzyło się w ubiegłą niedzielę, rzekł Jonas. Następnie, w poniedziałek, mnich o imieniu Tetzel wjechał wielkim wozem do tego właśnie miasta. Rozbrzmiały trąby. Rozwinięto chorągwie. Otoczyli go strażnicy samego arcybiskupa. W cieniu wieży pośrodku rynku jego pomocnicy rozstawili stół. Z jednej strony ułożyli wysoki stos pergaminu i po drugiej stronie, ostrożnie ustawili skrzynię. Skrzynia miała trzy zamki. Każdy wiedział, że jeśli skrzynia ma trzy zamki, to jest ona własnością trzech osób, które sobie nie ufają.

Wtedy Tetzel wykrzyknął: „Przyjaciele tego miasta, słyszeliście, jak wasi bliscy cierpią w czyśćcu. Słyszeliście ich wołanie. Płomienie się uniosły i musnęły wasze obuwie".

„Jak haniebnie, – kontynuował Tatzel – zajmujecie się swoimi sprawami. Wydajecie pieniądze na każdą drobnostkę. A, och, wasi bliscy tak cierpią. Dosyć! Podejdźcie tutaj. Leon X, Pontifex Maximus, Namiestnik Chrystusa na ziemi, okazał wam łaskę i miłosierdzie i nałożył swoją pieczęć na ów odpust. A teraz chodźcie i wykonajcie swój obowiązek. Teraz jest wyjątkowa okazja przeznaczona dla was. Za dodatkowego guldena możecie uwolnić siebie od czyśćca. Tak, chwała Bogu! Dajcie Kościołowi swój grosz, a łaskawy Ojciec Święty w Rzymie dopilnuje, abyście zarówno wy jak i wasi zmarli krewni byli w samym Raju, nie musząc ani na chwilę znosić oczyszczających płomieni czyśćca".

Po czym dodał z rymem:
*"Za każdym razem, gdy moneta w kasetce zostaje,*
*Dusza z czyśćca się wydostaje".*

Ach - westchnął Jonas. Powrócił do swego miasta we wtorek, aby sprzedać swoje tkaniny. Jednak nikt nie miał już monet. Oddali wszystkie swoje pieniądze Tetzelowi.

Wiedzieliśmy zatem, czego się spodziewać po homilii w katedrze w naszym mieście, w ostatnią niedzielę października 1517: żywe obrazy bólu i agonii; wrzaski odbijające się echem po katedrze, omdlewające kobiety. I wiedzieliśmy, że pojazd Tetzela wraz z ładunkiem dokumentów pergaminowych i skrzyni na potrójny zamek przybędzie do miasta na następny dzień.

Oczywiście, przysłuchiwaliśmy się. Patrzyliśmy jak inni są złapani w uścisk kazania. Cała sprawa była żenująca. Przestałem słuchać. W mojej głowie dudniły słowa z Credo Nicejskiego: „*Propter nos homines et propter nostrum salutem*", i ponownie, *"propter nos homines et propter nostrum salutem"* — „dla nas, ludzi, i dla naszego zbawienia".

Czasami podczas mszy świętej recytowaliśmy słowa tego credo. Ale tylko czasami – z pewnością, nie tak często jak Skład Apostolski, czyli Wyznanie Wiary. A jednak to te słowa utknęły w mojej głowie. Czekałem na nie zawsze, gdy odmawialiśmy credo. Taka nadzieja, takie piękno. Ten Jezus, Bóg prawdziwy z prawdziwego Boga i prawdziwy człowiek z prawdziwego człowieka, zstąpił dla nas i dla naszego zbawienia.

Dziś po raz kolejny z kazalnicy stłumiono tę prawdę. Dlaczego nasz kapłan nie umiłował tej prawdy? Dlaczego nam o niej nie opowiadał?

Słyszałem, że jest zakonnik w mieście Wittenberdze, brat Martin. Mówi się, że naucza i głosi inaczej niż pozostali. Zastanawiam się, co on myśli na temat tej homilii i Tetzela. Zastanawiam się, czy myśli on o tych słowach: „*propter nos homines et propter nostrum salutem*". Być może on nam pomoże.

---

**O autorze:** *Dr Stephen J. Nichols jest prezydentem Reformation Bible College, dyrektorem akademickim Ligonier Ministries, a także nauczycielem w Ligonier. Jest autorem wielu książek. Można go znaleźć na Twitterze @DrSteveNichols.*

# Czy pastorów powinna obchodzić Reformacja?

D. A. Carson

Pastorzy oddani swojej służbie mają wiele rzeczy do zrobienia. Oprócz starannego przygotowania, tydzień po tygodniu, nowych kazań i studiów biblijnych, godzin przeznaczonych na poradnictwo, opiekę i rozwijanie jakościowo dobrych relacji, uważnej i przemyślanej (oraz wymagającej czasu) ewangelizacji, mentorowania kolejnego pokolenia idącego jego śladami, nieustannych obowiązków administracyjnych i nadzorowania, nie wspominając o potrzebie dbania o własną duszę, pastorzy mają regularny zakres obowiązków rodzinnych obejmujących opiekę nad starzejącymi się rodzicami lub uwielbianymi wnukami, chorą małżonką (lub dowolną kombinacją takowych odpowiedzialności) oraz, dla części, poziomem energii spadającym w odwrotnej proporcji do postępującego wieku.

Dlaczego więc powinienem przeznaczyć cenne godziny, aby poczytać o Reformacji, która rozpoczęła się jakieś 500 lat temu? Prawda, Reformatorzy żyli w szybko zmieniających się czasach, ale ilu z nich poważnie myślało o postmodernistycznej epistemologii, transgenderyzmie i nowej (nie)tolerancji? Jeśli my mamy nauczyć się czegoś od przodków, to czy nie warto by było wybrać bardziej nam współczesnych? Niekoniecznie.

## PASTORZY JAKO LEKARZE OGÓLNI

Z definicji, pastor jest podobny do lekarza medycyny ogólnej. Nie jest on specjalistą w, powiedzmy, rozwodach i powtórnym zamążpójściu, historii ruchów misyjnych, komentarzu kulturowym, czy danym okresie historii kościoła. Lecz wciąż, większość pastorów będzie zmuszona do posiadania ogólnej wiedzy we wszystkich tych sferach jako część ich usługiwania Bożym Słowem wobec ludzi wokół. Oznacza to, że pastor zobligowany jest do poświęcenia pewnego czasu na czytanie w tematach ogólnych. Jednym z takich tematów jest teologia historyczna. Dobrze dobrana literatura historyczna ukazuje nam różne kultury i czasy, poszerza horyzonty i umożliwia nam zobaczenie, jak chrześcijanie w innych czasach i miejscach rozumieli, czego Biblia naucza i jak zastosować ewangelię do całego życia. Czytajcie!

Po drugie, i bardziej szczególnie, rosnąca wiedza teologii historycznej czyni cuda w wyzbywaniu się złudzeń, że przemyślana i rygorystyczna egzegeza powstała w dziewiętnastym i dwudziestym wieku. Nie wszystko, co zostało napisane 500 czy 1500 lat temu, jest godne podziwu i warte naśladowania, tak samo jak obecnie - nie wszystko napisane współcześnie jest godne podziwu i warte naśladowania. Ale takie historyczne zapisy są jedynym skutecznym antidotum na to tragiczne nastawienie, jakie pewne seminarium (nie wymienię nazwy, aby uchronić winowajcę) utrzymywało przez długi czas - mianowicie, że jego studenci potrzebowali jedynie uczyć się dobrej egzegezy i odpowiedzialnej hermeneutyki; nie potrzebowali wiedzieć, co myślą inni, bo mając za pasem własną egzegezę i hermeneutykę, mogli na zawołanie przedstawić właściwą teologię sami, bez niczyjej pomocy. Jak naiwnym jest myślenie, że egzegeza i hermeneutyka są neutralnymi i wolnymi od wartości dyscyplinami. W rzeczywistości, jeśli chcemy wzrastać w ubogaceniu, poznaniu niuansów, zrozumieniu, dostrzeganiu własnych błędów oraz w wierności ewangelii, to potrzeba nam słuchać innych pastorów-teologów, zarówno z naszych czasów, jak i tych z przeszłości.

### DLACZEGO REFORMACJA?

Ale dlaczego mamy skupiać się na Reformacji? Chociaż została ona wywołana przez pytanie dotyczące odpustów, to dyskusja o odpustach wkrótce doprowadziła, bezpośrednio lub pośrednio, do wnikliwej dyskusji nad autorytetem, pochodzeniem objawienia [Bożego - przyp. tłum.] (Czy powinniśmy uznać rzekomo nadany autorytet, który przyjmuje zarówno Pismo, jak i Tradycję lub uznać *Sola Scriptura*), czyśćcem, autorytetem, na podstawie którego grzechy są odpuszczane, skarbcem zadośćuczynienia, naturą i pozycją kościoła, naturą i autorytetem księdza/prezbitera, naturą i funkcją eucharystii, świętymi, usprawiedliwieniem, uświęceniem, naturą nowego narodzenia, zniewalającą mocą grzechu i wieloma innymi.

Wszystkie te sprawy są wciąż współcześnie centralną częścią teologicznego sylabusa. Nawet sprawa odpustów jest wciąż ważna: zarówno papież Benedykt, jak i papież Franciszek udzielali specjalnych odpustów zupełnych w pewnych okolicznościach (chociaż w bardziej ograniczonej strukturze niż zaadaptowane przez Tetzela). Ponadto, studiowanie Reformacji jest szczególnie zbawienne jako odpowiedź dla tych, którzy uważają, że tak zwana „Wielka Tradycja", jak ją określa się we wczesnych ekumenicznych wyznaniach wiary, jest niezmiennie odpowiednią podstawą do jedności ekumenicznej, tak jakby po czwartym wieku nie powstały żadne herezje. W tym duchu, studiowanie Reformacji pożytecznie wykształca lekki realizm historyczny.

Oprócz hermeneutycznej odrębności Reformacji, jaka powstała z *Sola Scriptura*, Reformatorzy ciężko pracowali nad rozwinięciem ścisłej hermeneutyki, która była wolna od kaprysów czworakiej hermeneutyki, jaka królowała w Średniowieczu. Nie oznacza to, że byli oni przesadnie upraszczającymi literalistami, niebędącymi w stanie docenić różnych stylów literackich, subtelnych metafor i innych pełnych symboli przenośni; raczej znaczy to, że pozwalali oni Pismu przemawiać samemu za siebie, bez dopuszczania zewnętrznych metod interpretacji tekstu, takich jak pozatekstowego szablonu mającego zagwarantować „właściwe" odpowiedzi. Częściowo, wiązało się to z ich zrozumieniem *claritas Scripturae* - klarowności czy przejrzystości Pisma.

Teologia katolicka, odnosząc się do duchowości, powszechnie rozróżnia życie zwykłych katolików od duchowego życia tych, którzy są głęboko oddani. Jest to swego rodzaju katolicka wersja teologii „wyższego życia". Uważa się, że prowadzi ona do mistycznego połączenia z Bogiem i charakteryzuje się wyjątkowymi praktykami duchowymi i dyscypliną. I chociaż przeczytałem całą, powiedzmy, Juliannę z Norwich, to [w jej pismach - przyp. tłum] znajduję wiele subiektywnego mistycyzmu i dosłownie zero podstaw Pisma czy ewangelii. A nawet gdyby moje życie od tego zależało, to nie mogę sobie wyobrazić żeby, czy to Piotr czy Paweł, zalecali odosobnienie w klasztorze w celu uzyskania większej duchowości; jest to zawsze niebezpieczne, kiedy pewne praktyki ascetyczne stają się normatywnymi ścieżkami do duchowości, podczas gdy nie znajdujemy dla nich poparcia w nauce apostolskiej.

Nasze współczesne pokolenie, zmęczone umysłowym jedynie podejściem do chrześcijaństwa, pociągane jest do późnopatrystycznych i średniowiecznych wzorców duchowości. Jaką jest więc ulgą, zwrócić się do najżarliwszych z pism Reformatorów i odkryć na nowo dążenie do Boga i jego sprawiedliwości, które są mocno ugruntowane w Piśmie Świętym. Dlatego listy Lutra do swojego fryzjera pozostają taką klasyką: są pełne Bożego zastosowania ewangelii dla życia chrześcijan, budując pojęcie duchowości, która nie jest zarezerwowana dla elity wybranych, ale dla wszystkich braci i sióstr w Chrystusie. Podobnie, początkowe rozdziały Trzeciego Traktatu Kalwina, przedstawiają o wiele bardziej znaczące przemyślenia nad prawdziwą duchowością, niż wiele z bardziej współczesnych dzieł.

Reformacja jest w centrum uwagi, jeśli chodzi o zrozumienie Zachodniej historii. Trzy duże ruchy stanowią podstawę współczesnego świata Zachodu: Renesans, Reformacja i Oświecenie. Każdy z nich jest złożony i naukowcy wciąż kontynuują debatę nad ich wieloma aspektami. Niemniej jednak, nie można łatwo zakwestionować tego podstawowego twierdzenia mówiącego, jak kluczową rolę odegrały te trzy ruchy.

### DLACZEGO TA REFORMACJA?
Jest kilka lekcji do wyciągnięcia z Reformacji odnośnie suwerenności Boga w ruchach reformacyjnych i przebudzeniach. Ostatecznie, byli także inni reformatorzy i ruchy reformatorskie, które dobrze prognozowały, lecz w większości [przedwcześnie] wygasły. John Wycliffe (1320-1384) był teologiem, filozofem, duchownym, reformatorem kościoła i tłumaczem Biblii, a jego praca poprzedzała Reformację, lecz nie można stwierdzić, że ją przyspieszyła. Jan Hus (1369-1415) był czeskim księdzem, reformatorem, uczonym, rektorem Uniwersytetu Karola w Pradze, inicjatorem ruchu reformacyjnego nazywanym często „husytyzmem"; został on jednak stracony, a jego ruch, choć ważny w Bohemii, dokonał niewiele więcej w Europie niż zajęcie statusu poprzedzającego.

Dlaczego Luter, Kalwin i Zwingli przeżyli na tyle dłużej, że dali kierunek wielkiej Reformacji, podczas gdy William Tyndale (1494-1536) został zamordowany? Historyczna analiza zdarzeń podaje wiele powodów, dlaczego ktoś przeżył, a ktoś inny zmarł; dlaczego dany ruch reformatorski zginął w zarodku, a inny rozpalił niepohamowany ogień. Szczegóły historyczne są warte poznania, ale oczy wiary dostrzegą rękę Boga w prawdziwej reformacji i przypomną, aby oddać Mu nasze uwielbienie za to, czego dokonał i zanosić prośby w sprawach, o jakie Go wciąż błagamy.

## *WYKŁADAJ BIBLIĘ, ZAJMIJ SIĘ TEOLOGIĄ*

Reformacja wyróżnia się jako ruch, który pragnął wykładać egzegezę biblijnych ksiąg za pomocą tego, co współcześnie nazywamy teologią systematyczną. Nie wszyscy Reformatorzy robili to w podobny sposób. Niektórzy z nich postępowali tak, jakby wykładali biblijny tekst, ale w rzeczywistości mieli tendencję do skakania od jednego ważnego słowa lub wyrażenia do drugiego, zatrzymując się i w każdym miejscu wygłaszając teologiczne traktaty na poruszone w nim tematy.

Inni, tacy jak Bucer, wierniej trzymali się tekstu biblijnego, ale też wtrącali w swoje nauczanie traktaty na temat pojawiających się zagadnień. To sprawiało, że jego komentarze stały się wyjątkowo długie i pełne treści. Kalwin w swoich komentarzach usiłował osiągnąć to, co sam nazywał „jasną zwięzłością", a swą teologię systematyczną rezerwował na to, co urosło do Czterech Traktatów o Religii Chrześcijańskiej. W rzeczywistości, komentarze Kalwina są tak bardzo ogólnikowe, że wielu uczonych skrytykowało je za umieszczenie w nich zbyt mało teologii.

Ale to, co uderza w kwestii tych wszystkich Reformatorów, bez względu na ich sukcesy czy porażki we właściwym zintegrowaniu [dwóch podejść do nauczania - przyp. tłum.], jest to, że jednocześnie podjęli próby wykładania Biblii i zaangażowania się w poważną teologię. Z drugiej jednak strony, współcześnie niewielu systematyków jest wspaniałymi egzegetami i niewielu egzegetów przejawia duże zainteresowanie teologią systematyczną. Wyjątki jedynie potwierdzają regułę.

## *ZROZUMIEĆ ICH CZASY – I NASZE*

Reformatorzy dobrze rozumieli swoje czasy. Polegając na „normującej normie" Pisma Świętego, prawdziwie rozumieli, gdzie przebiegały linie błędu w ich czasach i przestrzeni. Niektóre z tych samych problemów występują obecnie. Z drugiej jednak strony to, co powinno być dla nas największą lekcją, jaką możemy przyjąć od Reformatorów w tej sprawie, nie jest po prostu zakres tematów, o których oni pisali, lecz to, jak ważnym jest zrozumienie swoich czasów i nauczenie się jak odnosić je do prawdy ewangelii.

Czytajcie!

---

**O autorze:** *Don Carson jest profesorem Nowego Testamentu w Trinity Evangelical Divinity School w Deerfield, Illinois, oraz współzałożycielem The Gospel Coalition.*

# Mądrzy ludzie to ludzie, a prawda jest prawdą

Brad Littlejohn

Żaden impuls nie jest tak głęboko zakorzeniony w człowieku, jak pragnienie, by wielbić. Zawsze też jest łatwiej wielbić namacalne fizycznie ciało niż niewidzialnego ducha. Już jako dzieci, jesteśmy kuszeni, by wielbić naszych ojców – „Mój tata wie *wszystko*!". Potem, gdy ojcowie zawiodą, wielbimy wielkich sportowców lub gwiazdy filmowe, broniąc ich przed krytyką z większym uporem i odwagą, niż byśmy bronili siebie samych.

Kiedy chodzi o dziedzinę prawdy, nasze skłonności do wielbienia bohaterów są wzmocnione impulsami bardziej ludzkimi – lękiem i lenistwem. Niemal dla nas wszystkich, nasze wierzenia opierają się bardziej na ludziach niż ideach; i jeśli opieramy nasze życie na wyznaniu jakiejś prawdy, to jednocześnie obawiamy się, że oparliśmy je na wiarygodności tych, od których ową prawdę zaczerpnęliśmy. Zbyt leniwi, by starać się pojąć logikę przyjętej prawdy, zadowalamy się wiarą opartą na ludziach, którzy pierwsi tej prawdy uczyli lub na tych, którzy uczyli jej nas. A w sytuacji, gdy ci ludzie nas zawiodą, cały system naszej wiary staje się podatny na zburzenie.

## PATRZĄC NA GIGANTÓW REFORMACJI

Powyższa dynamika jest przyczyną niezdrowej postawy wielu konserwatywnych protestantów wobec gigantów Reformacji: Lęk przyznania się, że bałagan i niejasności w staraniach reformacyjnych, świadczą o podobnym bałaganie i niejasnościach naszych własnych przekonań protestanckich. Oczywistym jest, że skłonność do idealizowania nie jest nowym odkryciem, lecz ta niezdrowa tendencja rośnie wraz z upadkiem znajomości historii.

Większość z nas zna tylko garstkę protestanckich Reformatorów – prawdopodobnie tylko Lutra i Kalwina – i mamy tendencję opierać swoją ufność w protestantyzm na ich bardzo ludzkich barkach. Czy możemy przyznać że Luter był w gorącej wodzie kąpany, porywczy, i uparcie niechętny do przyznania się do własnych błędów? Czy powinniśmy świadomie lekceważyć, godne największej pogardy, wypowiedzi Lutra na temat Żydów, anabaptystów i zwinglian? Czy możemy przyjąć, że Kalwin był w pewnym sensie dziwakiem, którego chęć kontrolowania, wynikała bardziej z jego oddania własnym ambicjom niż samej ewangelii?

To nie znaczy, że powinniśmy naiwnie przyjmować wszystkie oczerniające historie propagowane przez krytycznych przeciwników Reformacji albo liberalnych historyków zgorszonych wolnomyślnością Reformatorów. Ani postępowanie Kalwina z Servetusem, ani postępowania Lutra z chłopami, nie było w połowie tak sadystyczne, jak często obecnie jest to przedstawiane. Jednak żaden z nich nie był nienaganny w swoim postępowaniu. Patrząc na ich pracę reformatorską całościowo, musimy przyznać, że ich motywy były czasami mieszane, ich metody poniekąd wątpliwe, a niektóre ich pomysły były nieprzemyślane lub nawet gorzej.

Jak sobie poradzić ze spuścizną po tak wadliwych bohaterach?

## NASI NIEDOSKONALI BOHATERZY

Musimy z zażenowaniem przyznać, że żaden z naszych bohaterów nie jest idealny i że jedynym sensownym przyjęciem drugiej istoty ludzkiej jest przyjęcie jej ze wszystkimi jej przywarami. Niemniej jednak istnieją co najmniej dwa sposoby, by pomóc współczesnym chrześcijanom pielęgnować zdrowszy stosunek do przodków z XVI wieku.

Pierwszy sposób, to – jak wspomnieliśmy – poszerzenie naszej znajomości historii. Jest o wiele łatwiej przyznać, że Kalwin popełnił pewien błąd, jeżeli wiemy, że Bucer i Vermigli nie popełnili już tego samego błędu. W przypadku Lutra możemy poczuć ulgę, wiedząc więcej o działalności Melanchthon, jego współpracownika w przemianach reformacyjnych. Im większe i szersze jest nasze dziedzictwo, tym swobodniejsze może być nasze ustosunkowanie się do jego pojedynczych fragmentów, z większą radością przyjmując Reformację jako całość.

Natomiast im bardziej współczesny protestant trzyma się wąskiej i słabo rozumianej części tradycji teologicznej, tym bardziej staje się narażony na wytrącenie z tej tradycji w ogóle. Pilnie potrzebujemy przedsięwzięć dostarczających materiałów protestantom XXI wieku, które znacznie zwiększą ich wiedzę o protestantach z XVI wieku.

Drugi sposób dotyczy tego, by pamiętać, co powiedział Richard Hooker: „mądrzy ludzie to są ludzie, a prawda jest prawdą"[1]. Hooker wypowiedział te słowa w kontekście krytycznej oceny spuścizny Jana Kalwina, kierując je do rosnącego pokoleniu angielskich purytanów skłonnych do idealizowania bohaterów. Kalwin mógł być nadzwyczaj mądry – i za takiego rzeczywiście uważał go Hooker – ale też był mimo wszystko zwykłym człowiekiem i, mimo wszystko, był omylny.

Prawda, natomiast, nie jest. Jako że jesteśmy leniwi, jesteśmy skłonni do traktowania nauk niektórych ulubionych liderów jako wyznaczników prawdy. Prawdę jednak rozróżnia się w oparciu o jej własne kryteria – spośród których głównymi są wierność do Pisma Świętego i zgodność z rozumowaniem. Hooker narzekał: „Istnieją dwie rzeczy, które w dużej mierze czynią ten późniejszy okres problematycznym: pierwsza, że Kościół rzymski nie może, druga, że Geneva nie zamierza, mylić się"[2]. Wielką pomyłką Rzymu, czemu Luter i Kalwin sprzeciwiali się z całej siły, było utożsamianie

---

[1] Laws of Ecclesiastical Polity, Preface.2.7 (http://oll.libertyfund.org/titles/hooker-the-works-of-richard-hooker--vol-1).

2 Hill, W. Speed, and Georges Edelen, eds. The Folger Library Edition of the Works of Richard Hooker, vol. 1: The Laws of Ecclesiastical Polity: Pref., Books I to IV (Cambridge, MA: Belknap Press of Harvard University Press, 1977), 133n.

ludzkich nauk z boską prawdą, a jednak już w następnym pokoleniu okazało się, że ich następcy czynili to samo. Umiejętność krytycznego myślenia i determinacja, by używać ciężko zdobytych narzędzi do jego zastosowania, są niezbędne, aby dzisiejsi protestanci pozostali prawdziwymi protestantami, poddającymi każdą naukę ludzką pod ocenę jasnego światła prawdy biblijnej.

**O autorze:** *Brad Littlejohn jest prezydentem Davenant Trust. Można go znaleźć na Twitterze @WBLittlejohn.*

# Co członkowie Twojego Kościoła powinni wiedzieć o Reformacji

Shawn Wright

### *Późne Średniowiecze*

Reformacja rozpoczęła się od Marcin Lutra, lecz na niego samego wywarły wpływ doktryny i praktyki duszpasterskie, które poprzedzały go o wieki. Powinniśmy więc rozpocząć od zrozumienia niektórych spośród głównych nurtów, jakie wywarły wpływ na Reformację Lutra.

1. Inni przed Lutrem dostrzegali problemy w Kościele rzymskokatolickim
   - Jan Wiklif (zm. 1384) oraz Jan Hus (zm. 1415) są przykładami osób, które widziały błędy doktrynalne wewnątrz Kościoła rzymskokatolickiego i uznawały to za słuszne, by o tych błędach mówić.
   - Nawet niektórzy spośród katolickich humanistów, takich jak Kardynał Gasparo Contarini (zm. 1542), głosili usprawiedliwienie z wiary aż do okresu, w którym Sobór Trydencki potępił ten pogląd.
   - Wielki humanista Erazm z Rotterdamu oraz inni widzieli, że Kościół potrzebował reform moralnych, szczególnie „u góry", włączając w to papiestwo, i tworzyli w związku z tym gorzkie satyry skierowane przeciwko niemoralności Kościoła.

2. Różnorodność katolickich doktryn zbawienia
   - Odrodziło się zainteresowanie nauką Augustyna (zm. 430), włączając w to podkreślanie całkowitej Bożej suwerenności (choć działo się to wśród zdecydowanej mniejszości).
   - Większość wierzyła, jak sam Tomasz z Akwinu, że osoba musiała kooperować z Bożą łaską dostępną dla ludzi w sakramentach.
   - Istniał w Kościele nurt, według którego osoba była zobowiązana zrobić pierwszy krok, aby móc otrzymać łaskę od Boga w sakramentach. Takiego „staraj się najlepiej jak możesz", aby otrzymać Bożą łaskę (łac. facere quod in se est), był uczony Marcin Luter. Doprowadziło go to niemal do skraju rozpaczy, gdy zmagał się ze swoim wrażliwym sumieniem, stale się zastanawiając, czy postarał się wystarczająco mocno.
   - Dwa powyższe poglądy doprowadziły do tego, że wiele osób zasta-

nawiało się, czy jest się w stanie wypełnić wystarczającą ilość dobrych uczynków, by móc trafić do nieba, czy może raczej spotka ich wieczna kara w czyśćcu.
- Reasumując, można stwierdzić, że u fundamentów Reformacji leżała biblijna i duszpasterska reakcja na teologię katolicką, w której pewność zbawienia była kluczową sprawą egzystencjalną. Luter sformułował biblijną odpowiedź na pytanie: „Co muszę zrobić, by być zbawionym?", która nie kładła nacisku na wysiłki ludzkie, lecz na Bożą łaskę, którą Bóg obdarowuje w Chrystusie.

3. Ważna rola humanizmu
- Humanizm był nurtem, który kładł nacisk na konieczność powrotu ad fontes („do źródeł"). Czytano więc dzieła antyczne literatury greckiej i rzymskiej, pisane w językach oryginalnych, tj. grece i łacinie.
- W wyniku humanistycznego przekonania Erazm opublikował Nowy Testament w grece w 1516 roku. Miało to większy wpływ na Reformację niż jakiekolwiek inne pojedyncze wydarzenie, ponieważ w wyniku tego wykształcone osoby były w stanie po raz pierwszy od wieków czytać Nowy Testament w języku oryginalnym.
- Rok po publikacji Nowego Testamentu Erazma, Luter wykorzystał go do sformułowania 95 tez. Zaznaczył w nich, że przesłaniem Jezusa było wzywanie do „upamiętania," a nie do „pokuty". Słowo „pokuta" wieki wcześniej wkradło się do Nowego Testamentu z łaciny.

## *Marcin Luter (1483-1546) i luteranizm*

Tym, co doprowadziło do przełomu w Reformacji protestanckiej, było poszukiwanie przez Lutra pewności zbawienia, podparte studiowaniem Augustyna, a w szczególności Nowego Testamentu. Kiedy Luter zastanawiał się nad znaczeniem fragmentu z Rzymian 1:17 w jego kontekście, zaczął podważać zasadność sprzedawania odpustów, a z czasem i innych doktryn rzymskokatolickich. Czynił to w nadziei, że Kościół się zreformuje. Zamiast tego Kościół go ekskomunikował. Tak powstała pierwsza z grup „protestanckich", nazwana według imienia jej założyciela. James Atkinson słusznie zauważa: „Reformacja jest Lutrem, Luter jest Reformacją".

- Z powodu pragnienia, by zbawić swoją duszę, Luter wstąpił do zakonu w 1505 roku.
- Głęboko się zmagał z duchowymi wątpliwościami (m.in. Anfechtungen). Luter zaczął czytać Augustyna i w nim znajdował ucieszenie. Jednak szczególnie pomocne dla niego okazało się czytanie Nowego Testamentu w języku oryginalnym.
- Aby odwrócić uwagę Lutra od jego dociekliwych pytań, został wysłany przez zwierzchników na studia doktoranckie, a następnie otrzymał tytuł profesora Biblii w Wittenberdze w 1512 roku.
- Nauczał z wybranych przez siebie ksiąg biblijnych, a jego wybór padł na Psalmy (1513-1515), List do Rzymian (1515-1516), List do Galacjan (1516-1517), List do Hebrajczyków (1517-1518) oraz powtórnie Psalmy (1518-1519).
- 31 Października 1517 roku Luter wywiesił swoje 95 tez, których celem było wzbudzenie debaty na temat zasadności dość młodej praktyki Kościoła -

sprzedaży odpustów tym, których było na nie stać, aby w ten sposób mogli zmniejszyć sobie czas kary za grzechy w czyśćcu. Zamiarem Lutra nie było wtedy wydanie oficjalnego sygnału do Reformacji. W rzeczywistości, później sam Luter odnosi się do swoich tez jako „marnych i papieskich".
- Tezy te jednak wywołały reakcję Kościoła, która doprowadziła do rozwoju myśli protestanckiej w Lutrze w porywającym tempie. Poniżej niektóre z kluczowych wydarzeń.
- Nauczanie Lutra na temat „teologii krzyża" (w odróżnieniu od katolickiej „teologii chwały", która podkreślała sprawiedliwość opartą na uczynkach i która ukazywała pychę Kościoła katolickiego) w trakcie dysputacji heidelberskiej (1518). Reformator, Martin Bucer, twierdzi, że doznał nawrócenia, słuchając Lutra w Heidelbergu.
- W „Dwóch rodzajach usprawiedliwienia" (1518) Luter rozróżnia pomiędzy „obcą sprawiedliwością", która jest w Chrystusie, a która jest poczytana/przypisana chrześcijaninowi przez wiarę, a „sprawiedliwością właściwą", która jest wynikiem przypisanej sprawiedliwości Jezusa.
- W Dysputacji Lipskiej (1519) przeciwko Janowi Eckowi, Luter doszedł do wniosku, że jedynie Biblia (Sola Scriptura) jest autorytetem w sprawach doktryny i praktyki chrześcijańskiej.
- W „Niewoli babilońskiej Kościoła" (1520) Luter wyparł się siedmiu sakramentów Kościoła rzymskokatolickiego na rzecz dwóch biblijnych ustanowień – chrztu oraz eucharystii.
  ◇ Luter nauczał cielesnej obecności Chrystusa „w, z, oraz pod" chlebem i winem.
  ◇ Luter wierzył, że chrzest powinien być udzielany niemowlętom po tym, jak w trakcie nabożeństwa wygłoszona została ewangelia, gdyż Bóg suwerennie udziela wiary poprzez ewangelię.
  ◇ W „Wolności chrześcijanina" (1520) Luter w piękny sposób ukazuje rolę wiary w zjednoczeniu chrześcijanina z Jezusem oraz obdarowaniu go wszystkimi korzyściami Chrystusa już od początku zaistnienia wiary.
  ◇ Luter we wczesnym okresie znajdował się pod ochroną swojego przebiegłego protektora, Fryderyka Mądrego, księcia Saksonii oraz młodego Cesarza Rzymu, Karola V, który dość powoli realizował swoje obowiązki cesarskie. Jednak formująca się myśl teologiczna u Lutra ostatecznie sprowadziła na niego gniew Kościoła oraz Cesarstwa. Został on ekskomunikowany przez Kościół rzymskokatolicki w styczniu 1521 roku. Następnie został ogłoszony banitą przez Cesarstwo w czasie Sejmu w Worms w kwietniu 1521 roku, po swoim słynnym wygłoszeniu, że jego sumienie jest związanie Pismem Świętym, a nie tradycją Kościoła.
  ◇ Ukrywając się na zamku Fryderyka w Wartburgu, w 11 tygodni przetłumaczył Nowy Testament na język niemiecki.
  ◇ Luter powrócił do Wittenbergi, gdzie przez resztę życia prowadził reformy. Jego podejściem do reform było powolne wprowadzanie zmian, tylko w tych sferach liturgii i praktyki katolickiej, które dotykały istoty ewangelii.
  ◇ To doprowadziło do sformułowania tzw. „zasady normatywności" (obecnej w luteranizmie jak i w anglikanizmie). Według tej zasady, w prak-

tyce nabożeństwa kościelnych przyzwolone było wszystko, czego Pismo w sposób bezpośredni i klarowny nie zabraniało.
- Kalwinizm z kolei wyznaje „zasadę regulatywności", według której Bóg jasno określił w Piśmie Świętym, jak powinien być czczony, zatem, w nabożeństwie kościelnym przyzwolone jest tylko to, co Pismo nakazuje lub ukazuje.
- Luter ożenił się Katarzyną von Bora w 1525 roku.
- W 1525 roku, Luter napisał jeden ze swoich największych traktatów, pt. „Zniewolenie woli", który jest odpowiedzią na wydane rok wcześniej dzieło Erazma pt. „O wolnej woli". Traktat Lutra jest wyczerpującą obroną biblijnej doktryny Bożej suwerenności w zbawieniu, której konieczność rodzi się z całkowitej niezdolności, a nawet śmierci duchowej człowieka, z powodu jego grzechu.
- W czasie dysputy teologicznej w Marburgu w roku 1529, Luter i Ulrich Zwingli nie zdołali dojść od porozumienia odnośnie znaczenia Wieczerzy Pańskiej. Z tego powodu, protestanckie tradycje - luterańska i reformowana - pozostały wyraźnie osobnymi nurtami przez resztę XVI wieku.
- Luteranów po raz pierwszy nazwano protestantami w czasie Sejmu w Speyer w roku 1529.
- Luter wierzył, że usprawiedliwienie jedynie przez wiarę (sola fide) jest centralną doktryną wiary chrześcijańskiej. W artykułach szmalkaldzkich z 1537 roku stwierdza: „Od tego artykułu odstąpić lub coś przeciwnego uznawać czy dopuszczać nikt z nabożnych nie może, choćby niebo, ziemia i wszystko zawalić się miało... Na tym też artykule zasadza się i opiera wszystko, czego przeciwko papieżowi, diabłu i całemu światu w naszym życiu nauczamy, świadczymy i czynimy. Dlatego powinniśmy co do tej nauki mieć pewność i bynajmniej nie powątpiewać, w przeciwnym razie sprawa jest całkowicie przegrana i papież, i diabeł, i wszystko, co nam przeciwne, wygrywają i odnoszą nad nami zwycięstwo".
- Pod koniec swojego życia Luter z coraz większą frustracją wypowiadał się na temat Żydów, będąc sfrustrowanym tym, iż nie zwrócili się do Chrystusa jako Mesjasza. Jego ostre i obraźliwe komentarze zostały użyte przez nazistów jako usprawiedliwienie Holokaustu.
- Po śmierci Lutra w roku 1546, Filip Melanchton (zm. 1560) stanął na czele luteranizmu. Zmienił augustyńską teologię Lutra, naciskając na konieczność współpracy z Bogiem w tym, jak Bóg pociąga grzesznika ku ewangelii. Pod koniec wieku luteranizm się rozwinął – przynajmniej w kwestiach soteriologicznych – w kierunku, którego sam Luter nie uznałby za słuszny.

## *Jan Kalwin (1509-1564) oraz Tradycja reformowana*

Kolejny z głównych nurtów protestantyzmu jest dziedzictwem Kalwina. Kalwinizm miał wiele wspólnego z luteranizmem (np. sola Scriptura, usprawiedliwienie tylko z wiary, czy też chrzest niemowląt), jednak w bardziej konsekwentny sposób rozwinął biblijne zrozumienie doktryn takich jak predestynacja czy też Kościół.

- Pionierem tej tradycji był Zwingli, który usługiwał w Zurychu w latach 1519-1531. Zmarł, walcząc przeciwko militarnym inwazjom rzymskokatolickim. Podkreślał następujące akcenty teologiczne:
  - Głoszenie ekspozycyjne (nie wiedząc, od jakiego miejsca w Biblii zacząć głosić, po prostu zaczął od Ew. Mateusza 1:1),
  - Zasada regulatywności uwielbienia Boga,
  - Rozumienie Pisma przez pryzmat przymierzy, a tym samym przekonanie o znacznej kontynuacji pomiędzy Stary a Nowym Przymierzem, w odróżnieniu od Lutra, który kładł nacisk na brak kontynuacji pomiędzy prawem a ewangelią.
- Następnie Jan Kalwin przejął przywództwo nad ową tradycją. Jego biografia nie jest tak interesująca jak Lutra lub Zwingliego.
- Urodził się we Francji. Ukończył studia prawnicze. Kalwin nawrócił się na protestantyzm w latach 1533-1535.
- Pragnął zostać autorem. Z powodu swojej wiary protestanckiej był zmuszony uciekać z Francji. Podczas swojej ucieczki zatrzymał się na noc w Genewie w roku 1536. Protestancki ewangelista, Wilhelm Farel (zm. 1565), przekonał Kalwina, aby ten został i pomógł poprowadzić reformację w Genewie.
- Kalwin został wygnany z Genewy w latach 1538-1541 do Strasburga. Tam miał na niego silny wpływ Martin Bucer (zm. 1551), jeden ze wspaniałych pastorów Reformacji. Będąc w Strasburgu, Kalwin ożenił się z Idelette de Bure.
- Kiedy powrócił do Genewy, był jednym z głównych oskarżycieli wyznawcy unitaryzmu, Michała Serweta, który ostatecznie został skazany i stracony jako heretyk w roku 1553. Kalwin nie był ani sędzią, ani nie zasiadał w ławie sędziowskiej. Ta rola przypadła Radzie miasta Genewa.
- Kalwin służył niestrudzenie prawie do samego końca swojego życia. Cierpiał na przeróżne problemy zdrowotne, z których część zapewne była wynikiem przemęczenia i niedostatecznego snu (około czterech godziny na dobę) przez większość jego dorosłego życia, z powodu determinacji do pracy.
- Kalwin w dużej mierze usystematyzował naukę Reformacji. Poniżej niektóre z ważniejszych dokonań Kalwina:
  - Institutio religionis christianae (Zasady religii chrześcijańskiej). Pierwsze wydanie zostało opublikowane w 1536 roku; ostatnie wydanie z roku 1559 było pięć razy obszerniejsze od pierwszego. Doktryny, którym Kalwin poświęca uwagę, to m. in.:
    » Poznanie Boga,
    » Pismo Święte; Bóg przystosowuje Siebie do naszej ograniczonej zdolności pojmowania, podobnie jak sepleniący rodzic, kiedy komunikuje coś dziecku; Duch Święty poświadcza chrześcijaninowi prawdomówność Pisma podczas jego czytania,
    » Boża absolutna opatrzność,
    » Z powodu naszego grzechu w Adamie, Bóg musi być tym, który nas może zbawić; my niczego nie możemy zrobić dla naszego zbawienia,
    » Usprawiedliwienie jest tylko z wiary, tylko na podstawie dzieła Chrystusa, tylko z Jego łaski,
    » Rezultatem zbawienia jest zjed-

noczenie się z Chrystusem,
- » To wszystko ma miejsce z powodu Bożego wyboru, który jest łaskawy, suwerenny oraz dwojaki (Bóg w wieczności zadecydował o końcu tych, którzy wybrani nie zostali),
- » Kluczową metaforą chrześcijańskiego życia jest pielgrzymka; wierzący jest obcym na tym świecie, niosąc krzyż Chrystusa w drodze do nieba,
- » Kościół widzialny nie jest tym samym, co Kościół niewidzialny. Ten drugi składa się tylko z wybranych Bożych. W Kościele mają miejsce cztery urzędy: profesorzy, starsi nauczający, starsi przewodzący oraz diakonii,
- » Chrystus jest obecny w Wieczerzy Pańskiej w sposób duchowy, jako że Duch Święty wznosi chrześcijanina ku niebiańskiej społeczności z Chrystusem,
- » Chrzest niemowląt jest słuszny na podstawie twierdzenia, iż jest on kontynuacją obrzezania, który był znakiem Starego Przymierza.
- ◊ Kalwin był aktywny w pisaniu komentarzy. Rozpoczął od komentarza do Listu do Rzymian (1540). Jego celem było, aby komentarze były klarowne i zwięzłe.
- ◊ Jego Odpowiedź na list Sadoleto (1539) jest najkrótszym i najbardziej dynamicznym wstępem do teologii Kalwina. Tylko w niej zawarte są jedyne wzmianki biograficzne z życia Kalwina.
- Kalwin rygorystycznie przestrzegał zasady regulatywności, włącznie z dopuszczaniem śpiewu Psalmów tylko a cappella.
- Rada Genewy zatrudniła stenografa, aby ten spisywał kazania Kalwina (głosił on kilka kazań w ciągu jednego tygodnia, zwykle bez notatek i wprost z języka hebrajskiego lub greckiego).
- Kalwin kładł nacisk na misyjność kościoła. Sam rozesłał ponad stu młodych mężczyzn w głąb katolickiej Francji, aby zakładali kościoły. Wysłał nawet parę z Genewy, aby dotarła z ewangelią do rdzennych mieszkańców Brazylii. Kalwin nie był hiperkalwinistą.

### Tradycja anabaptystyczna

Luter i Kalwin byli tzw. reformatorami magisterialnymi, w tym sensie, że byli wspierani przez władzę rządzącą, tj. magisterium. Anabaptyści byli pierwszymi spośród tzw. tradycji „kościoła wolnego", ponieważ uznawali za słuszny rozdział państwa od kościoła. Chociaż nazwa wydaje się sugerować, że byli oni swego rodzaju protobaptystami, to cechowała ich dość duża różnorodność poglądów. Byli intensywnie prześladowani zarówno przez protestantów, jak i katolików w całej Europie, znaleźli azyl w Morawie, a także w Holandii.

- Poniżej niektórzy z ważniejszych przywódców anabaptyzmu oraz najistotniejsze z wydarzeń:
  - ◊ 1525: pierwszy chrzest kogoś, kto złożył osobiste wyznanie wiary w Chrystusa, w Zurychu. Wynikiem tego było natychmiastowe prześladowanie.
  - ◊ 1527: publikacja Wyznania Wiary z Schleitheim, które było siedmiopunktową deklaracją najważniejszych artykułów wiary anabaptystów.
  - ◊ 1528: najlepiej wykształcony teolog anabaptystów Balthasar Hubmaier

wraz z żoną zostali straceni przez katolików we Wiedniu.
- 1529: Sejm w Spirze zdelegalizował powtórny chrzest w całym Świętym Cesarstwie Rzymskim.
- Thomas Müntzer (zm. 1525), radykał, dowodził armii podczas wojny chłopskiej w Niemczech, a także podczas klęski moralnej klęski w mieście Münster, która miała miejsce pod przywództwem dwóch anabaptystów w latach 1534-1535. To wydarzenie przyniosło anabaptyzmowi złą reputację niebezpiecznego kultu.
- Menno Simon (zm. 1561) był najwcześniejszym i najdłużej żyjącym teologiem anabaptyzmu.
- Akcenty doktrynalne anabaptystów
  - Kościół jest wspólnotą oddanych uczniów, którzy wzięli pod uwagę koszt podążania za Chrystusem, łącznie z gotowością, by cierpieć za swoją wiarę. Wspólnota taka miała się wyróżniać spośród świata.
  - Chrzest (zwykle praktykowany przez polanie wodą osoby chrzczonej) był zarezerwowany jedynie dla tych, którzy złożyli osobiste wyznanie wiary w Jezusa.
  - Chrześcijanie mieli być oddzieleni od świata, tak więc nie służyli w radach miejskich lub w wojsku.
  - Kościół miał ekskomunikować (wyłączać ze wspólnoty) te osoby, które nie żyły według standardów kościoła.
  - Awersja wobec soteriologii kalwińskiej.

### Reakcja Kościoła rzymskokatolickiego podczas Soboru Trydenckiego

Spojrzeliśmy już na uczucia Lutra wobec Kościoła katolickiego. Ostatecznie, w latach 1545-1563, Sobór ekumeniczny w mieście Trydent odpowiedział w sposób zdecydowany na protestantyzm, przeciwstawiając się „nowatorskim" doktrynom dotyczącym autorytetu kościoła, usprawiedliwienia, sakramentów oraz wielu innym.

- W odniesieniu do autorytetu w sprawach doktryny Trydent uznał, że prawda zawiera się zarówno „w księgach spisanych i w tradycjach niepisanych, które - przyjęte przez apostołów z ust samego Chrystusa bądź przez nich samych przekazane jakby z ręki do ręki - dzięki podpowiedzi Ducha Świętego - dotarły aż do nas". Sola Scriptura zostało odrzucone.
- W odniesieniu do usprawiedliwienia, Trydent jasno zdefiniował usprawiedliwienie jako przebaczenie grzechów oraz uświęcenie: „usprawiedliwienie... nie jest tylko odpuszczeniem grzechów, lecz także uświęceniem i odnowieniem człowieka wewnętrznego przez chętne przyjęcie łaski oraz darów, wskutek którego człowiek z niesprawiedliwego staje się sprawiedliwym".
- Trydent ogłosił anatemę (ekskomunikę) tych, którzy nauczali usprawiedliwienia sola fide (tylko przez wiarę) w oparciu jedynie o przypisaną sprawiedliwość Chrystusa.
- Trydent także potępił pogląd, że osoba usprawiedliwiona może posiadać pewność swojego zbawienia jeszcze w tym życiu (przywilej do tej pory zarezerwowany tylko dla garstki „świętych").
- Trydent potwierdził katolicką naukę o sakramentach, wliczając w to naukę o transsubstancjacji (chleb i wino w sposób cudowny zmieniają się w ciało i krew Jezusa) wraz z doktryną mszy świętej jako prawdziwej ofiary prze-

błagalnej, która w sposób bezkrwawy przedstawia Chrystusa powtórnie ofiarującego siebie na ołtarzu za wiernych, którzy uczestniczą w eucharystii.

- Reakcja Trydentu na Sola Scriptura oraz na usprawiedliwienie Sola Fide ukazuje, że Reformacja nie straciła na znaczeniu, szczególnie dla chrześcijan wierzących według Pisma Świętego. Odkąd jesteśmy świadomi swojego grzechu i swojej niezdolności, by uczynić cokolwiek dobrego ku zbawieniu i odkąd widzimy, że Chrystus uczynił wszystko dla naszego zbawienia, składamy siebie w Jego miłosierdziu i tylko w Nim znajdujemy odpocznienie dla naszej duszy. To, co Luter, Kalwin, i inni odkryli na nowo w XVI wieku, jest tak samo aktualne dla nas dzisiaj, jak było dla nich wtedy.

---

***O autorze:*** *Shawn Wright jest profesorem historii kościoła w seminarium The Southern Baptist Theological Seminary w Louisville, Kentucky. Jest także pastorem od rozwoju przywództwa w kościele Clifton Baptist Church.*

# Jak Reformacja zmieniła historię Kościoła – cztery przykłady

Alex Duke

Dziedzictwo Marcina Lutra jest bardzo złożone. Wielu gloryfikuje go jako historycznego i teologicznego bohatera – niemieckiego reformatora, który starł na proch sprawiedliwość z uczynków. Inni zaś mu złorzeczą, uznając go za szydercę i antysemitę powodowanego własnym ego. Znajdą się też tacy, którzy będą bronić Lutra jako naczelnego humanisty, człowieka rodem z XXI wieku, który wyzwolił rozum i ideę wolności osobistej z więzów dogmatycznego Kościoła Katolickiego.

Tak właśnie dzieje się po 500 latach, kiedy to grę w przeciąganie liny między hagiograficzną prawdą a fałszem wygrywa, bądź przegrywa, wiele pełnoprawnych grup demograficznych: Naziści, ewangelikalni południowi baptyści, liberalni historycy i inni. Jednak po przeczytaniu dwóch wspaniałych dzieł z zakresu historii intelektualnej (*Theology of the Reformers* Timothy'ego George'a oraz *The Unquenchable Flame* Michaela Reevesa), jedno staje się jasne – Luter wraz z resztą reformatorów protestanckich zmienił bieg historii kościoła. W jaki sposób? Oto cztery przykłady.

**Po pierwsze, *Reformacja zniszczyła eklezjologiczną merytokrację, która ograniczała i gnębiła zwykłych ludzi***

„Rób, co ci rozkazano, albo idź do diabła" – tak można określić hasło Kościoła katolickiego, gotowego przekląć każdego antynomistę, który odważył się mu sprzeciwić. Przed Reformacją szesnastowieczne nabożeństwo stanowiło dla ludzi bezmyślny obowiązek, wymóg polityczny mający na celu zaskarbienie sobie łask spływających z księżowskiego kielicha. Msze prowadzono po łacinie – dla większości był to tylko niezrozumiały mamrot, a Eucharystia przypominała teatr jednego aktora, w którym to ksiądz przeprowadzał dziwny pokaz metafizycznych sztuczek transsubstancjacji chleba i wina w ciało i krew dla rzekomego zbudowania wszystkich zgromadzonych.

Luter, Huldrych Zwingli i wielu po nich zauważyło w tym wszystkim problem, gdyż wierzyli oni, że usprawiedliwienie dokonywało się tylko raz, wyłącznie na podstawie niepodważalnego wyroku trójjedynego Boga, który wybierał daną osobę, aby była zbawiona. Reformatorzy podkreślali istotę „obcej sprawiedliwości", którą wierzący mogą pozyskać w całości tylko dzięki skończonemu dziełu Chrystusa na Kalwarii. Takie rozumienie całej sprawy niszczyło pojęcie Kościoła katolickiego o „progresywnym" usprawiedliwieniu, które miało się zdobywać powoli i z czasem.

W pełni dopracowana soteriologia Lutra miała dopiero powstać i to po dogłębnym przestudiowaniu Pisma. Innymi słowy, zasada sola scriptura pojawiła się przed zasadą sola fide, co jest kluczowe dla zrozumienia sedna teologii reformowanej.

Szwajcar Zwingli doszedł do podobnych wniosków co Luter. Według niego samego jednak stało się to nie z bezpośredniej inspiracji pismami Lutra. 1 stycznia 1519 roku Zwingli, będąc jeszcze „rzymskokatolickim" księdzem, usunął tradycyjny łaciński lekcjonarz i zaczął głosić kazania ekspozycyjne z Nowego Testamentu w swoim rodzimym języku (Timothy George, s. 113).

W roku 1525 zakończył kazania z Nowego Testamentu i zaczął głosić ekspozycyjnie ze Starego. W międzyczasie wyrzekł się całkowicie Kościoła katolickiego, potępił absolutny autorytet papieża i soborów oraz zlikwidował mszę w Zurychu, tym samym tworząc pierwszą oficjalną wspólnotę protestancką (George, s. 116-118). Równocześnie Luter przetłumaczył Biblię na język niemiecki i przed 1534 rokiem opublikował swoje tłumaczenie Starego Testamentu (Michael Reeves, s. 63). Wszystko w imię tego, aby dostarczyć ludziom Słowo Boże nie tylko po to, aby je zrozumieli, ale także mogli na nie zareagować i odpowiedzieć.

To wszystko zmieniło oblicze kościoła w Europie, przygotowując grunt pod ukształtowanie protestantyzmu. Ludzie chodzący do kościoła przestali być jedynie biernymi odbiorcami, gdyż wreszcie mogli aktywnie uczestniczyć w nabożeństwach - intelektualnie i w każdy inny sposób. Przedtem w kościele wszystko działo się odgórnie, lecz teraz rozpoczęty przełom otworzył drogę do powszechnych zmian eklezjalnych.

## Po drugie, Reformacja przywróciła biblijną ideę pastorstwa

Reformacja przywróciła również biblijny obraz tego, jaki powinien być pastor lub ksiądz. Czasy zachowywania mylnych pozorów minęły bezpowrotnie. Nastała era pastorów, którzy nie służyli jako pośrednicy, lecz ich zadaniem było zwracanie serc i umysłów wiernych do Jezusa Chrystusa, jedynego i doskonałego pośrednika między doskonałym Bogiem a grzesznym człowiekiem.

Po Reformacji pastorzy nie próbowali już udzielać łaski, czy wpływać na czyjeś zbawienie w jakikolwiek sposób. Mieli jedynie kierować swój wzrok na krzyż i jego niebiańskie błogosławieństwa. Nie stanowili źródła łaski, lecz byli wskaźnikami kierującymi na niewyczerpane bogactwo, jakie wierzący posiadają w Chrystusie.

Mamy tu do czynienia z mieczem obosiecznym, który z jednej strony tnie we właściwym kierunku, a z drugiej pozostawia człowieka bez ludzkiego pośrednika przed Bogiem, jakiego miał przecież wcześniej. „Jeśli ksiądz nie wstawi się za nami, to któż może to zrobić?" Reformacja naświetliła fakt, iż sytuacja każdego chrześcijanina jest rzeczywiście tragiczna. Wcześniej obraz owej rzeczywistości był zamglony przez obłudną sakramentalną farsę, lecz teraz wszystko było widać jasno i wyraźnie. W tej sytuacji rozbrzmiewa tak zwane Anfechtungen Lutra – przygnębiające duszę wątpliwości.

### Po trzecie, Reformacja oddała sakramenty wierzącym, przez co rozpoczęło się uwalnianie kościoła z więzów państwa

Jak dokładnie doszło do tej metamorfozy? Oczywiście zmieniły się same sakramenty – chrzest i Wieczerza Pańska. Pedobaptyzm był niekwestionowaną podstawą Kościoła katolickiego, a Luter, Zwingli, później zaś Francuz Jan Kalwin i większość im współczesnych zgadzało się teologicznie z tą doktryną. Skoro skrajnie nie zgadzali się w tak wielu kwestiach, dlaczego w tej właśnie myśleli podobnie?

Odpowiedź na to pytanie jest niesamowicie wielowymiarowa. Zważywszy na to, że nie wszyscy Reformatorzy uznawali pedobaptyzm (konkretnie Menno Simmons i anabaptyści), należy poszukać odpowiedzi na pytanie, dlaczego najbardziej oddani zwolennicy Reformacji niezachwianie trzymali się tej doktryny.

Oto jeden z możliwych powodów: Luter, Kalwin i reszta zwyczajnie nie mogli wyobrazić sobie kościoła, który byłby niezależny od państwa. Korzenie religijno-polityczne sięgały bardzo głęboko. Tak bardzo, że Luter nazywał Kościół „prawą ręką Boga", a państwo „lewą ręką Boga" (George, s. 100). Simons i separatystyczni anabaptyści prawdopodobnie poszli o krok za daleko w dążeniu, aby chrzest był rozdzielony od kościoła, są jednak najbliżej tego, jak dzisiejsi credobaptyści rozumieją ten obrzęd. I chociaż sama Reformacja nie przyczyniła się do powszechnego uznania chrztu na wyznanie wiary, to zdecydowanie stworzyła podwaliny na przyszłość. Można powiedzieć, że był to główny cel anabaptystów – reformować Reformację, aby była jeszcze bliższa biblijnym standardom.

### Po czwarte, Reformacja utworzyła ścieżkę do współpracy i stała na straży jedności pomimo różnic teologicznych

Sprowadza nas to do kwestii Wieczerzy Pańskiej, punktu najczęstszych sporów w czasie Reformacji. Reformatorzy odcięli się nie tylko od Kościoła katolickiego, ale później również od siebie nawzajem.

Przykładowo, Luter zawzięcie potępił transsubstancjację jako rodzaj metafizycznego mistycyzmu, zamiast którego zaproponował teologiczny kompromis zwany „konsubstancjacją", oparty na modelu Arystotelesa składającym się z „form" i „materii". Według Lutra podczas Eucharystii formy, czyli ciało i krew Chrystusa, łączą się „w, przez i pod" materią, czyli chlebem i winem.

Kalwin sądził, że zarówno teorii Lutra, jak i Rzymu, nie da się metafizycznie wybronić. Sam uznał teorię nazwaną przez siebie „duchową obecnością", według której podczas Wieczerzy Pańskiej Chrystus jest obecny, lecz jedynie duchowo.

Zwingli poszedł o krok dalej, broniąc teorii „memorializmu", według której podczas spożywania chleba i wina lud Boży zwiastuje śmierć i zmartwychwstanie Chrystusa, aż ten przyjdzie ponownie, a teraz zbiera owoce jego obecności – jedność, pokój i radość.

Odstępstwo Zwingliego było dla Lutra świętokradztwem. Zaprzeczyć cielesnej obecności Chrystusa w Wieczerzy oznaczało zaprzeczenie Jego wszechobecności. Ich niezgoda osiągnęła punkt krytyczny w październiku 1529 roku, kiedy to Luter i Zwingli spotkali się na życzenie Filipa Wielkodusznego. Celem tego spotkania było utworzenie ogólnoprotestanckiego przymierza przeciwko papieżowi i jego nacierającej armii. Biorąc pod uwagę już istniejące uprzedzenie Lutra, nic dziwnego, że obaj nie mogli zapomnieć o dzielących ich różnicach i przymierze nie doszło do skutku.

Patrząc wstecz, tego typu teologiczne sprzeczki wydają się krótkowzroczne. Zważając na stawkę i zagrożenie, dwóch tak znamienitych przywódców protestanckich mogło odrzucić na bok drobne niesnaski i stanąć do walki ze wspólnym wrogiem. Tak się niestety nie stało.

Niemniej jednak, redefinicja Wieczerzy Pańskiej przyniosła niesamowicie pozytywne rezultaty. Rzadko dochodziło do całkowitej zgody, lecz jedna prawda pozostała jasna i niezmienna: Eucharystia nie dawała łaski – to zadanie należało tylko i wyłącznie do Chrystusa i Jego krzyża.

To samo można powiedzieć o innym biblijnym sakramencie, mianowicie chrzcie. Dzięki Simonsowi i anabaptystom powstały podwaliny pod credobaptyzm. Wbrew temu, co głosił Kościół katolicki, pedobaptyzm nie przynosi łaski ani zbawienia. Sam fakt czyjegoś urodzenia nie daje mu żadnych duchowych przywilejów.

Jednocześnie nikt nie jest gorszy, co niesamowicie jasno podkreśla Reformacja – ziemia Golgoty jest równa. Przelała się na niej krew protestantów, katolików, antysemitów, ewangelikalnych południowych baptystów, Niemców, Francuzów, liberalnych historyków i studentów seminariów – wszyscy jesteśmy pełni niesprawiedliwości i potrzebujemy zewnętrznej sprawiedliwości Zbawiciela.

---

***O autorze:*** *Alex Duke jest dyrektorem redakcyjnym 9Marks. Wraz żoną, Melanie, mieszkają w Louisville, Kentucky. Można znaleźć go na Twitterze @evanalexduke.*

# Jaką rolę w Reformacji odegrało nauczanie ekspozycyjne?

Michael Reeves

Niemal na pewno największą praktyczną zmianą w okresie Reformacji był wzrost nauczania ekspozycyjnego w lokalnych kościołach.

## NAUCZANIE PRZED REFORMACJĄ

Stulecia poprzedzające reformację charakteryzowały się tym, że nauczanie było praktyką stale tracącą na znaczeniu. Przyćmione przez msze i przedstawiane jako nieistotne przez teologię średniowiecznego rzymskiego katolicyzmu, głoszenie kazań utraciło swój prymat, którym cieszyło się we wczesnym okresie poapostolskim.

Do XV wieku jedynie mały odsetek ludzi mógł spodziewać się słuchania kazań wygłaszanych przez swoich księży regularnie w lokalnych parafiach. Angielski Reformator, Hugh Latimer, mówił o tzw. „truskawkowych proboszczach", którzy, tak jak truskawki, pojawiali się, ale jedynie raz w roku. I nawet wtedy homilie najczęściej były wygłaszane w łacinie, która była niezrozumiała dla ludzi (i, najprawdopodobniej, również dla samych księży). Jeśli chodzi o samą treść tych, jakże rzadko pojawiających się smakołyków, to było mało prawdopodobne, by miały one coś wspólnego z Pismem. Zdecydowana większość duchowieństwa nie miała wystarczającej wiedzy biblijnej, by choćby podjąć próbę nauczania Słowa. Zamiast tego, jak napisał Jan Kalwin, kazania w okresie przed Reformacją były podzielone według prostego schematu:

> *Pierwsza część była poświęcona tym niejasnym kwestiom szkół, które być może mogły zadziwić prymitywną ludność. Druga część zawierała przyjemne historyjki, a nie niezbyt zabawne spekulacje, tak by zachować czujność słuchaczy. Jedynie nieliczne wyrażenia były zaczerpnięte z Bożego Słowa, tak by ich majestat zapewnił im uznanie mimo ich błachostkowości*[1].

W rezultacie powszechnym była nieznajomość Słowa i ewangelii Boga.

## NAUCZANIE W OKRESIE REFORMACJI

Reformacja natomiast uczyniła kazanie centralnym punktem kościelnego uwielbienia, które odbywało się regular-

---

[1] John Calvin and Jacopo Sadoleto, A Reformation Debate, ed. John C. Olin, Grand Rapids: Baker, 1966, 65.

nie i podkreśliła to również architektonicznie - poprzez umieszczenie kazalnicy w centralnym punkcie, tak by rzucała się ona w oczy. I chociaż dziś mamy tendencję do postrzegania czołowych reformatorów jako teologów (a co za tym idzie – nie kaznodziejów), to jednak nauczanie – w szczególności ekspozycyjne nauczanie – było tym, co definiowało i zajmowało większą część ich służby.

W Wittenberdze, przez ćwierć wieku Luter nauczał Biblii zazwyczaj dwa razy w każdą niedzielę i trzy razy w ciągu tygodnia. W Zurychu Reformacja tak naprawdę rozpoczęła się 1 stycznia 1519 roku, kiedy to Zwingli ogłosił z kazalnicy w Wielkiej Kolegiacie, że zamiast wypełniać swoje kazania myślami średniowiecznych teologów, będzie nauczał Ewangelii Mateusza, werset po wersecie. A kiedy mu się to udało, kontynuował nauczanie reszty Nowego Testamentu. W Genewie Kalwin spędził większość swojego czasu, nauczając – dwa razy w każdą niedzielę (Nowy Testament) i w co drugi tydzień, codziennie (Stary Testament), za każdym razem głosząc około godziny.

## NIE MA KOŚCIOŁA BEZ SŁOWA

Nietrudno zauważyć, że nauczanie ekspozycyjne było nieodłącznym elementem Reformacji, tak że odcisnęło swoje piętno na osobistej służbie reformatorów. To właśnie przez Słowo Boże Luter po raz pierwszy usłyszał pełne radości przesłanie ewangelii. Wczesny angielski reformator, Thomas Bilney, odkrył podczas pierwszego czytania Słowa, że „Pismo stało się dla mnie bardziej przyjemne niż miód lub plaster miodu". Ich pragnieniem było to, by wielu innych mogło, jak ujął to Luter: „pochwycić i skosztować jasne i czyste Słowo Boże, i trzymać się go".

Więcej napisał Kalwin, mówiąc, że kościół: „nie może stać się zdrowym lub być w dobrej formie inaczej jak poprzez nauczanie Słowa". Właściwie, jak głosi Luterańskie Wyznanie Augsburskie, a tutaj będzie to głos głównego nurtu Reformacji – kościół to miejsce, gdzie Słowo Boże jest całkowicie nauczane, a sakramenty są należycie odprawiane. Kościół jest tworem Słowa Bożego. A zatem – brak nauczanego Słowa oznacza brak kościoła.

Nieważne, czy w Niemczech, Szwajcarii, Anglii, czy gdziekolwiek indziej – nauczanie ekspozycyjne Słowa Bożego było prawdziwą maszynownią Reformacji. W tym właśnie tkwi zarówno wyzwanie, jak i zachęta dla tych, którzy dzisiaj postrzegają siebie jako spadkobierców Reformacji. Kiedy czytamy wszystkie przerażające statystyki na temat odstępstw i upadków współczesnego kościoła, łatwo jest utracić wiarę w zwykłe nauczanie Słowa. Kuszącym wydaje się, by szukać gdzie indziej cudownego i łatwego rozwiązania.

Jednak 500 lat temu Reformacja dowiodła słuszności nadzwyczajnej przemieniającej mocy regularnego i jasnego nauczania ekspozycyjnego. Historycznym dowodem jest fakt, że upadek kościoła nie jest wcale czymś nieuniknionym. Duchowa ciemnota naszych czasów może zostać powstrzymana i cofnięta. Pięćset lat temu to się udało i to za pomocą tego samego Słowa, które nie utraciło ani odrobiny ze swej nieustępliwej mocy.

---

**O autorze:** Michael Reeves obecnie służy jako dyrektor teologii misji internetowej uniontheology.org. Jest także wykładowcą w szkole teologii Wales Evangelical School of Theology. Można znaleźć go na Twitterze @mike_reeves.

# Krótkie spojrzenie na doktrynę przypisania według Jana Kalwina

Thomas R. Schreiner

Jedną z zasług Reformacji jest klarowne zrozumienie, że sprawiedliwość zostaje nam przypisana. Myślimy tutaj o Janie Kalwinie, który reprezentuje ową doktrynę. Sprawiedliwość nie może pochodzić z nas samych, gdyż nawet nasze najlepsze uczynki są wciąż oszpecone przez grzech[1]. Nasze czyny nie są w stanie pojednać nas z Bogiem, który wymaga doskonałości, do jakiej nikt z nas nie dorasta. Dlatego ci, którzy są we właściwej relacji z Bogiem, to ci, których grzechy zostały przebaczone, co oznacza, że ich grzechy nie są już im poczytane, czy też przypisane[2].

Innymi słowy, usprawiedliwienie jest z natury prawno-sądowe. Zatem, według Kalwina, usprawiedliwienie nie oznacza, że zostajemy uczynieni sprawiedliwymi, ale że zostajemy uznani za sprawiedliwych; wierzący w usprawiedliwieniu nie dostępują przemienienia, ale przebaczenia[3]. Usprawiedliwienie jest zewnętrzne, a nie wewnętrzne, tak, że ci, którzy są usprawiedliwieni, otrzymują nowy status przed Bogiem. Nasze usprawiedliwienie jest więc doskonałe i pełne już od samego początku. Wierzący nie stają się bardziej usprawiedliwieni wraz z ich postępem w świętości, gdyż usprawiedliwienie nie odnosi się wewnętrznej przemiany, ale do Bożej deklaracji niewinności.

Nawet po nawróceniu, nasza wiara pozostaje niedoskonała. Kalwin, powołując się na 1 Koryntian 13:12, wskazuje, że nasza wiara jest niepełna i cząstkowa w doczesnym życiu[4]. Innymi słowy, grzech kontynuuje nękanie wierzących. Stała obecność grzechu sugeruje, że sprawiedliwość musi być prawno-sądowa, gdyż nikt nie mógłby twierdzić, że jest we właściwej relacji wobec Boga, podczas gdy wciąż jest splamiony grzechem[5]. Podobnie wiara nie może być nam poczytana za sprawiedliwość, gdyż nawet ona pozostaje niedoskonała i trwała. W związku z tym, aby mieć pewność co do naszej właściwej pozycji przed Bogiem, potrzebujemy sprawiedliwości nam przypisanej[6]. Ufność w nasze uczynki niepokoi nasze sumienie, gdy upadamy. Dlatego wierzący muszą pokładać ufność w Chrystusie, aby cieszyć się pokojem z Bogiem[7]. Kalwin nauczał,

---

[1] Institutes, III.xiii.9.
[2] Institutes, III.xi.22.
[3] Institutes, III.xi.6.
[4] Institutes, III.ii.20
[5] Institutes, III.xi.21.
[6] Institutes, III.xiii.10.
[7] Institutes, III.xiii.3.

że pokój z Bogiem nie jest możliwy, chyba że będziemy doskonale sprawiedliwi przed Jego obliczem[8]. A owa sprawiedliwość staje się nasza jedynie przez przypisanie.

Widzimy więc, dlaczego w teologii Kalwina jest tak ważne, że nasza pewność spoczywa na fakcie, iż sprawiedliwość Chrystusa zostaje nam przypisana. Wierzący nie odnajdują sprawiedliwości w sobie, ale zostają uznani za sprawiedliwych, ponieważ to sprawiedliwość Chrystusa jest im policzona[9]. Cytując Kalwina: „Tak więc, usprawiedliwianie rozumiemy jako Bożą akceptację, poprzez którą Bóg uznaje nas za sprawiedliwych. Twierdzimy, że składa się ona z przebaczenia grzechów i przypisania nam sprawiedliwości Chrystusowej"[10]. Osoba „nie jest sprawiedliwa w sobie samym, ale dlatego, że sprawiedliwość Chrystusa jest odnoszona wobec niej, poprzez przypisanie"[11]. Kalwin, wyjaśniając fragment z Rzymian 5:19, który mówi o usprawiedliwieniu wierzących ze względu na posłuszeństwo Chrystusa, stwierdza: „cóż to może oznaczać, jak nie to, że nasza sprawiedliwość znajduje się w posłuszeństwie Chrystusa, ponieważ posłuszeństwo Chrystusa jest nam przypisane tak, jakby było naszym własnym"[12].

Dla Kalwina „przypisanie jest możliwe jedynie poprzez nasze zjednoczenie z Chrystusem, ponieważ w tym samym momencie stajemy się częścią Jego ciała"[13]. Tak więc, wierzący są poczytani za sprawiedliwych jako ci, którzy należą do Jezusa Chrystusa i którzy są w Niego wszczepieni[14]. Owa zasadnicza rola, jaką pełni zjednoczenie z Chrystusem w doktrynie przypisania, jest często obecna u Kalwina[15]. „Widzisz, że sprawiedliwość nie jest w nas, ale w Chrystusie i że ją posiadamy jedynie dlatego, iż jesteśmy współuczestnikami Chrystusa"[16].

Kalwin bardzo trafnie podsumowuje protestancką doktrynę przypisania, doktrynę, która stale jest źródłem wielkiej pociechy i siły dla wierzących, a także dla tych, którzy są dziedzicami Reformacji.

---

[8] Institutes, III.xi.11.
[9] A Reformation Debate: John Calvin and Jacopo Sadoleto, ed. John C. Olin (Grand Rapids: Baker, 1966), 67.
[10] Institutes, III.xi.2.
[11] Institutes, III.xi.23.
[12] Institutes, III.xi.23.
[13] Zobacz Wendel, Calvin, 256-58; Helm, Calvin, 76; McGrath, Iustitia Dei, 2:37-38.
[14] Institutes, III.xi.10.
[15] Zobacz Gaffin, Justification and Union with Christ, 252-54, 258-69. Craig B. Carpenter, A Question of Union with Christ? Calvin and Trent on Justification, WTJ 64 (2002) 363-8
[16] Institutes, III.xi.23.

---

**Przypis redaktora:** *Powyższy artykuł jest drobną rewizją materiału pochodzącego z książki Thomas R. Schreiner, Faith Alone: The Doctrine of Justification. What the Reformers Taught... and Why It Still Matters (Grand Rapids: Zondervan, 2015), str. 59-60. Wykorzystane za zgodą.*

---

**O autorze:** *Thomas R. Schreiner jest profesorem Nowego Testamentu w Seminarium The Southern Baptist Theological Seminary w Louisville, Kentucky oraz pastorem nauczającym w kościele Clifton Baptist Church. Można znaleźć go na Twitterze @DrTomSchreiner.*

# Jak Reformatorzy odkryli na nowo Ducha Świętego i prawdziwe nawrócenie

Sinclair Ferguson

Historia Lutra jest dobrze znana, Kalwina mniej. Luter zmagał się z koncepcją sprawiedliwości Boga, którą w efekcie znienawidził; Kalwin posiadał ogromne pragnienie zdobycia ustalonej wiedzy o Bogu, jednakże takiej nie znalazł. Chociaż nie jest to cała prawda, to jest coś prawdziwego w opinii, że Luter poszukiwał Boga łaskawego, a Kalwin prawdziwej i zapewnionej wiedzy o Nim.

W przypadku Lutra, rozporządzenia późnośredniowiecznego katolicyzmu nie mogły „zapewnić winnemu sumieniu pokoju lub zmyć splamienia". W przypadku Kalwina ani Kościół, ani ogromna dyscyplina intelektualna, którą się wykazał w wieku dwudziestu kilku lat, a już na pewno nie nabycie umiejętności późnośredniowiecznego humanistycznego uczonego, mogłyby przybliżyć go do poznania Boga.

### *Rzymian 1:16*

Pomimo wszystkich różnic w pochodzeniu, edukacji, predyspozycji i osobowości, można by pomyśleć, że fragment z Rzymian 1:16 miał duże znaczenie w nawróceniu obu reformatorów. Jak wiemy, Luter mocno walczył z przesłaniem Rzymian 1:16-17. Znienawidził je, kiedy odkrył w nim nierozwiązany problem. Jak „sprawiedliwość Boża" może stanowić dobrą nowiną, której nie wstydził się Paweł? Luter czuł się potępiony.

Jednak później, jak napisał w swoim liście, jego oczy otworzyły się. Był jak ślepy podczas czytania tekstu; widział słowa, ale nie rozumiał ich znaczenia. Teraz w końcu zobaczył, że owa Boża sprawiedliwość, była sprawiedliwością, która zbawia grzesznika. Wrota raju otworzyły się szeroko. Poczuł, że narodził się na nowo.

Kalwin wydawał się być głęboko poruszony przez wersety, które następują po Rzymian 1:18 mówiące o znajomości Boga - objawionej, posiadanej i wypartej, zamienionej na bałwochwalstwo, a ostatecznie porzuconej przez ludzkość - z wiarą w Jezusa Chrystusa jako jedyną drogą powrotną do poznania Boga. Tłumacz pierwszej łacińskiej edycji *Nauk religii chrześcijańskiej* autorstwa Kalwina z pewnością tak uważał. Jestem skłonny zgodzić się, biorąc pod uwagę ton kalwińskiej teologii i jej ciągłe skupianie się na poznaniu Boga Ojca przez Syna i przez posługę Ducha Świętego.

### *O co chodziło w Reformacji?*

Na to pytanie większość z nas może instynktownie powiedzieć, że reformacja dotyczyła usprawiedliwienia lub (sformułowanych później) *sola fide, sola gratia, sola scriptura, solus Christus i soli Deo Gloria*. Ale w rzeczywistości chodziło o wiele więcej.

Żadne z „sola" nie występuje w odłączeniu od reszty, a tym bardziej w odłączeniu od Ducha Świętego. On jest sine qua non (warunkiem koniecznym) każdej z nich. A zatem Reformacja była ponownym odkryciem Ducha Świętego. Kalwin, jak zauważył B.B. Warfield, był „teologiem Ducha Świętego". Wiara nie budzi się w nas w odłączeniu od Ducha. Łaska zbawia i podtrzymuje, ale nie jest treścią pochodzącą z nas, a jest raczej nastawieniem Boga względem nas, objawionym nam przez Ducha. Pismo Święte przyszło do nas z ust Bożych, kiedy to Duch sprawił, że przez ludzkich autorów przyszły do nas słowa samego Boga. Ponadto, jak podkreślał Kalwin, wszystko to, co Chrystus uczynił dla nas, nie przynosi nam żadnych korzyści, jeśli się z Nim nie zjednoczymy - a to odbywa się poprzez Ducha. W ten sposób Duch przynosi chwałę Ojcu i Synowi.

Co więc odkryli Reformatorzy? Odniesienia Lutra do Ducha, podobnie jak większość jego teologii, nie są schludnie zapakowane w oddzielnej przegródce. Kalwin jest bliższy systematycznej prezentacji w *Naukach religii chrześcijańskiej*. Jednak obaj dokonali prostego, ale monumentalnego odkrycia.

### *Ponowne odkrycie Ducha Świętego*

Przez wieki Kościół coraz częściej uzurpował sobie rolę Ducha Świętego w ekonomii zbawienia. Najbardziej było to wyraźne w tym, jak – we wręcz materialny sposób - łaska i zbawienie były udzielane grzesznikowi poprzez sakramenty. W pewnym sensie, ze względów praktycznych, zbawienie zostało „zamknięte" w sakramentach - z kluczami bezpiecznie przechowywanymi w kieszeniach kapłanów i prałatów Kościoła.

Konsekwencje tego były teologicznie i egzystencjalnie katastrofalne. Rola Ducha została uzurpowana. Jego władza została skonfiskowana przez kapłaństwo. W konsekwencji, zamiast doświadczać pewności przebaczenia i osobistego poznania Boga, które są przywilejem każdego prawdziwego dziecka Bożego, członków kościoła pozostawiano w wątpliwościach i niepewności co do ich zbawienia. Jak zauważył Luter, byli oni zachęcani do budowania sprawiedliwości za pomocą sakramentów, aby za ich pośrednictwem być może mogli rozwinąć wiarę tak przepełnioną doskonałą miłością, że mogliby się usprawiedliwić.

Średniowieczną doktryną było: „Niebo pomaga tym, którzy pomagają sobie"- usprawiedliwienie tych, którzy stali się sprawiedliwymi; usprawiedliwienie usprawiedliwionych poprzez sakramenty. Podczas gdy przyjęty system pozwalał Kościołowi twierdzić, że to usprawiedliwienie było „z łaski", to łaska ta nigdy nie była wystarczająca sama w sobie. Wymagała współpracy i progresu. Ale jak ludzie mogli być pewni, że „już zrobili wystarczająco"? Nikt nie mógł z optymizmem spojrzeć na swoje zbawienia. Jak mógłby?

Właśnie tutaj, dla Lutra i Kalwina, wkroczył Duch Święty, otwierając oczy na to, że całe nasze zbawienie i każda jego część znajdują się w Chrystusie (jak lubił mówić Kalwin). Właśnie tutaj wkroczył Duch Święty, otwierając oczy niewidomych, krusząc zatwardziałe serca i budząc odpowiedź zbawczej wiary.

Nic dziwnego, że Luter czuł się jak nowo narodzony oraz, że „wrota raju zostały (przed nim) szeroko otwarte".

Nic dziwnego, że Kalwin przeżył „nagłe" lub „nieoczekiwane" nawrócenie, gdy zrozumiał, że Kościół nauczał go tak sfałszowanej prawdy o poznaniu Boga.

Kościół niesłusznie postawił siebie pomiędzy Chrystusem a osobą wierzącą. Ale wtedy wkroczył Duch Święty i Kalwin odkrył, że każda cząstka zbawienia znajduje się tylko w Chrystusie.

Nic dziwnego, że John Knox wyjaśniał Reformację w kategoriach tego, że Bóg wylał Ducha Świętego w wielkiej obfitości na zwykłych ludzi.

---

**O autorze:** *Sinclair Ferguson jest nauczycielem w Ligonier oraz profesorem teologii systematycznej w Seminarium Reformed Theological Seminary.*

# Czy Reformacja na nowo odkryła Wielkie Posłannictwo?

Michael Haykin

Wiadomym jest, że Reformacja wiązała się z odzyskaniem podstawowych doktryn Nowego Testamentu dotyczących zbawienia i uwielbienia. Czy uwzględniała również przywrócenie Wielkiego Posłannictwa misyjnego? W pewnym sensie, nie. W średniowieczu Kościół rzymski różnorako angażował się misyjnie. Ale w innym, o wiele głębszym sensie, tak - Wielkie Posłannictwo musiało zostać odzyskane, ponieważ średniowieczne misje zbyt często pociągały za sobą wymuszane nawrócenia, jak na przykład u Saksonów przez Karola Wielkiego w IX wieku lub Albigeńską Krucjatę na początku XIII wieku. A jednak utrzymuje się, że Reformatorzy z XVI wieku mieli słabo rozwiniętą misjonologię, a zamorskie misje wśród niechrześcijan były obszarem, o którym mało kto myślał. Na podstawie tego argumentu - tak, reformatorzy odkryli ponownie apostolską ewangelię, ale nie mieli wizji rozprzestrzeniania jej na najdalsze zakątki ziemi. Co więc powinniśmy o tym myśleć?

Być może pierwszym autorem, który poruszył kwestię porażki wczesnego protestantyzmu na polu misyjnym, był wzbudzający kontrowersje rzymskokatolicki teolog Robert Bellarmine (1542-1621). Bellarmine twierdził, że jednym ze znaków prawdziwego kościoła jest trwanie w zaciekłości misyjnej apostołów. W jego umyśle działalność misyjna rzymskiego katolicyzmu była bezsprzeczna i stanowiła silne poparcie dla własnego przekonania o solidarności z apostołami. Jak twierdzi Bellarmine:

> *W tym jednym stuleciu katolicy nawrócili wiele tysięcy pogan w nowym świecie. Co roku pewna liczba Żydów jest nawracana i przechrzczona w Rzymie przez katolików, którzy trzymają się lojalności wobec biskupa Rzymu. Luteranie porównują siebie z apostołami i ewangelistami; a jednak pomimo tego, że zamieszkuje pośród nich bardzo duża liczba Żydów, a także w Polsce i na Węgrzech Turcy są ich bliskimi sąsiadami, nawrócili oni ledwie garstkę z nich.*

Jednakże taka charakterystyka nie uwzględnia złożoności tej kwestii. Przede wszystkim, w najwcześniejszych latach Reformacji żaden z głównych organów protestanckich nie posiadał znacznych zasobów morskich czy żeglugowych, aby zanieść ewangelię poza granice Europy. Za to iberyjskie królestwa katolickie Hiszpanii i Portugalii były uznawane za liderów wśród regionów, które wysyłały misjonarzy w tym czasie, gdyż dysponowały znacznymi zasobami. Co więcej, ich wysiłki misyjne często nie różniły się od podbojów imperialistycznych. Warto też zauważyć, że inne rzymskokatolickie narody europejskie, jak na przykład Polska, którym brakowało zdolności żeglugowych, poświęciły niewiele więcej uwagi międzykulturowej misji niż luterańska Saksonia czy zreformowany Zurych. Niewłaściwe jest zatem dokonanie uproszczonego twierdzenia, że narody rzymskokatolickie były zaangażowane w misje zamorskie, podczas gdy żadne protestanckie mocarstwo nie było jej tak oddane.

Po drugie, ważne jest, aby uznać, według myśli Scotta Hendrixa, że Reformacja była próbą „uczynienia europejskiej kultury bardziej chrześcijańską niż dotychczas. Można by było powiedzieć, że próbowano na nowo zakorzenić wiarę, żeby zrechrystianizować Europę". W oczach reformatorów program ten obejmował dwa towarzyszące przekonania. Po pierwsze, uznali, że to, co uchodziło za chrześcijaństwo w późnośredniowiecznej Europie było w najlepszym przypadku niby-chrześcijaństwem, a pogaństwem w najgorszym. Francuski reformator Jan Kalwin (1509-1564) tak opisał to w *Odpowiedzi na list Sadoleto* (1539):

> *Światło Bożej prawdy zgaszone, Słowo Boże pogrzebane, cnota Chrystusa pozostawiona w dogłębnej niepamięci, a urząd duszpasterski podupadł. W międzyczasie bezbożność wywierała taki wpływ, że prawie żadna doktryna religijna nie obyła bez rozwodnienia, żaden obrzęd bez błędu, żadna nawet najmniejsza część uwielbienia bez przesądów.*

Reformatorzy traktowali swoje zadanie misyjnie: zakładali prawdziwe chrześcijańskie kościoły.

W dalszej części przedstawiam krótką analizę misjologii Jana Kalwina, która pokazuje błędną perspektywę przedstawiającą Reformację jako ogólnie ruch niemisyjny.

### *Zwycięski postęp Królestwa Chrystusa*

Częstym motywem w pismach i kazaniach Kalwina jest zwycięski postęp królestwa Chrystusa na świecie. W swoim teologicznym arcydziele, Zasady *religii chrześcijańskiej*, we wstępie do Franciszka I, Kalwin pisze, że Bóg Ojciec wyznaczył Chrystusa, aby „rządził od morza do morza i od rzek aż po krańce ziemi". W swoim kazaniu o drugim rozdziale Dziejów Apostolskich, Kalwin dalej zauważa, że powodem, dla którego Duch Święty zstąpił w dniu Pięćdziesiątnicy było to, aby ewangelia „dotarła do wszystkich końców i krańców świata". W kazaniu na temat 1 Tymoteusza 2:5-6, w jednej z serii na temat 1 Tymoteusza 2, Kalwin ponownie podkreśla powszechność wiary chrześcijańskiej: Jezus przyszedł nie tylko, aby zbawić kilku, ale „rozciągnąć swoją łaskę nad całym światem".

W tej samej serii kazań, Kalwin oświadcza, że „Bóg chce, aby Jego łaska była znana na całym świecie i nakazał, aby ewangelia była głoszona całemu stworzeniu; musimy (jak tylko jesteśmy w stanie) starać się zbawić tych, którym dziś wiara jest obca i którzy wydają się być całkowicie pozbawieni dobroci Bożej". To właśnie ta globalna perspektywa znaczenia ewangelii dała teologii Kalwina prawdziwą dynamikę i ruch naprzód. Zostało słusznie powiedziane, że gdyby nie tak zwane kalwinistyczne skrzydło Reformacji, wiele z wielkich osiągnięć tej epoki zginęłoby na winorośli.

### Modlitwy Kalwina o rozszerzenie Królestwa Chrystusa

Kalwin był przekonany, że Bóg „nawołuje nas do modlitwy za zbawienie niewierzących". A fragmenty Pisma Świętego, takie jak 1 Tymoteusz 2:4, zachęcają nas do tego, abyśmy „nie przestali się modlić za wszystkich ludzi, ogólnie". Widzimy, jak to przekonanie jest czynne w modlitwach Kalwina, z których wiele zostało dla nas z zakończeń jego kazań. To wszystko dzięki wysiłkom stenografa Denisa Ragueniera, który został wyznaczony przez Radę Starszych pracującą przy boku francuskiego Reformatora do zapisywania jego kazań.

Często słyszymy, jak Kalwin modlił się o rozprzestrzenianie się ewangelii na krańce ziemi. Każde z kazań Kalwina na temat Księgi Powtórzonego Prawa (5 Księgi Mojżeszowej) kończy się modlitwą, która przebiega w następujący sposób: „Niech będzie Jego (czyli Boga) upodobaniem, aby przyznać tę [zbawczą] łaskę nie tylko nam, ale także wszystkim ludom i narodom Ziemi". Co więcej, w liturgii swojego kościoła Kalwin opracował taką modlitwę:

> *Modlimy się teraz do Ciebie, o łaskawy Boże i miłosierny Ojcze, za wszystkich ludzi wszędzie. Twoja wolą jest, abyś Ty został uznany za Zbawiciela całego świata, poprzez odkupienie dokonane przez Twojego Syna Jezusa Chrystusa, daj, aby ci, którzy nadal są pozbawieni poznania Go, będąc w ciemności i niewoli błędu i ignorancji, mogli być przyprowadzeni przez oświecenie Ducha Świętego i przez głoszenie Twojej ewangelii do właściwego sposobu zbawienia, którym jest poznanie Ciebie, jedynego prawdziwego Boga i Jezusa Chrystusa, którego posłałeś.*

---

**O autorze:** *Michael A. G. Haykin jest profesorem historii kościoła w Seminarium The Southern Baptist Theological Seminary w Louisville, Kentucky.*

# Dwa spojrzenia na dyscyplinę kościelną: protestantyzm vs rzymski katolicyzm

Jeremy Kimble

Na przestrzeni wieków miało miejsce wiele debat na temat różnic pomiędzy doktryną rzymskokatolicką a protestancką. Owe dyskusje dotyczyły tematów takich jak: usprawiedliwienie z wiary, chrzest, Wieczerza Pańska, kult świętych, czy też sposób, w jaki kościół powinien być prowadzony lub jaka powinna być jego struktura. Jednak rzadko miała miejsce dyskusja na temat tego, jak Kościół rzymski oraz protestancki różnią się w postrzeganiu dyscypliny kościelnej. Poniżej pragnę przedstawić tło historyczne tematu, streścić obydwa spojrzenia na dyscyplinę, a następnie poddać je ocenie i zaproponować właściwe zastosowanie z punktu widzenia protestantyzmu.

## *TŁO HISTORYCZNE*

Wygląda na to, że w kilku pierwszych wiekach kościół stale dążył do zastosowywania środków dyscyplinarnych w zgodzie z Pismem. Wczesny kościół poddawał członków dyscyplinie zarówno za propagowanie fałszywej nauki, jak i za brak czystości moralnej. Większość kościołów rozpoznawała dwa rodzaje upamiętania: jednorazowe upamiętanie towarzyszące zawierzeniu Jezusowi Chrystusowi ku zbawieniu, oraz stałe upamiętywanie się z grzechu przez cały okres życia. Chrześcijanie oskarżeni o poważne i trwające grzechy musieli wyznać swoją winę przed kościołem, co skutkowało przywróceniem ich do właściwej relacji ze wspólnotą.

W końcu, około trzeciego i czwartego wieku, przywrócenie do społeczności kościoła stało się trudniejsze. Osoby poddane „dyscyplinie pokutnej" i szukające upamiętania musiały podjąć konkretne kroki (np. zabiegać o modlitwy innych za ich grzechy, uczestniczyć w nabożeństwach bez uczestniczenia w Pamiątce Wieczerzy Pańskiej, itd.), aby zostać przywróconym do pełnego członkostwa. Tego rodzaju czynności pokutne przyczyniły się do znaczącego zwrotu w dyscyplinie kościelnej (zob. Wills, *A History of Church Discipline*, 132-39). Wraz z upływem czasu, proces biblijnej dyscypliny kościelnej—tak jak jest on opisany w Ew. Mateusza 18—usechł i zmienił się w kościele na Wschodzie i Zachodzie. Przywódcy w kościołach nie porzucili zasadniczo idei dyscypliny, ale powoli porzucili jej praktykę. W jej miejsce wszedł system spowiedzi i indywidualnej pokuty.

## DYSCYPLINA WEDŁUG KOŚCIOŁA RZYMSKIEGO

Sakramentalne praktyki spowiedzi i pokuty w końcu się utrwaliły i stały się normą w życiu Kościoła rzymskiego. Po tym, jak członek zgrzeszył, kościół nauczał, że pojednanie z Bogiem uwzględnia żal za grzechy i wstręt wobec popełnionych czynów oraz postanowienie, że w przyszłości już więcej się nie zgrzeszy (*Katechizm Kościoła Katolickiego*, 1490). Pokuta składa się z trzech aktów wymaganych od pokutującego (obok rozgrzeszenia ze strony kapłana): żal za grzechy, spowiedź z grzechów wobec kapłana oraz postanowienie wypełnienia zadośćuczynienia i czynów pokutnych (KKK, 1491).

Upamiętaniu (także nazywanemu żalem) musi towarzyszyć motywacja wynikająca z wiary oraz miłości do Boga (KKK, 1492). Ten, kto pragnie pojednania z Bogiem i z kościołem „musi wyznać przed kapłanem wszystkie grzechy ciężkie, których jeszcze nie wyznawał, a które przypomniał sobie po starannym zbadaniu swego sumienia" (KKK, 1493). Następnie spowiednik (urzędujący kapłan) zadaje penitentowi odpowiedni zestaw czynów, które mają zadośćuczynić i pokutować za popełnione grzechy, tak, by w ten sposób penitent „wynagrodził szkody spowodowane przez grzech i postępował w sposób godny ucznia Chrystusa" (KKK, 1494). Zwykle owe czyny pokutne uwzględniają post, modlitwę oraz jałmużnę (KKK, 1434), lecz mogą też uwzględniać akty miłosierdzia, przyjmowanie cierpień, Eucharystię, czytanie Pisma oraz przestrzeganie okresów i dni pokuty z kalendarza liturgicznego Kościoła (KKK, 1435–39).

Warto podkreślić, że według Kościoła rzymskiego tylko kapłani, „którzy zostali upoważnieni przez władzę kościelną do spowiadania, mogą przebaczać grzechy w imieniu Chrystusa" (KKK, 1461, 1495). Efektem pokuty jest pojednanie z Bogiem i z kościołem; darowanie kary wiecznej wynikającej z popełnienia grzechów śmiertelnych; darowanie (przynajmniej częściowe) kar doczesnych będących skutkiem grzechu; pokój i pogoda sumienia oraz pociecha duchowa oraz wzrost sił duchowych do chrześcijańskiego boju (KKK, 1496).

W miarę konieczności, Kościół rzymski praktykuje także ekskomunikę. Według standardów rzymskich, niektóre, szczególnie ciężkie grzechy, wymagają ekskomuniki – najcięższej kary, jaką kościół może wymierzyć. Taki akt „nie pozwala na przyjmowanie sakramentów i wykonywanie pewnych aktów kościelnych. Według prawa kanonicznego rozgrzeszenia z tych grzechów może udzielić tylko papież, miejscowy biskup lub upoważnieni przez nich prezbiterzy" (KKK, 1463; Dalsze szczegóły odnośnie ekskomuniki opisane są w Prawie Kanonicznym – kanony 1331 oraz 1354-1357). Jeśli osoba poddana ekskomunice nie zostanie rozgrzeszona na skutek pokuty, pozostaje poza Kościołem i tym samym jest skazana na potępienie.

Reasumując, dyscyplina w Kościele rzymskokatolickim skupia się na osobistej spowiedzi, pokucie, a w niektórych przypadkach ekskomunice, a wszystko to pod szyldem autorytetu udzielonego przez sukcesję apostolską.

## DYSCYPLINA WEDŁUG KOŚCIOŁÓW PROTESTANCKICH

W odróżnieniu od rzymskiej praktyki spowiedzi i pokuty, protestancka nauka o dyscyplinie kościelnej skupia się na upamiętaniu i przywróceniu w oparciu o powszechne kapłaństwo wierzących. Marcin Luter, który doświadczył ciężaru systemu pokutnego, doszedł do wniosku, iż jest on niebiblijny. Jego krytyka owych praktyk jako substytutów prawdziwego upamiętania i żalu w kontekście lokalnego kościoła, stały się motorem, który doprowadził do Reformacji Protestanckiej. To także pozwoliło na bardziej biblijne pojmowanie i zastosowanie dyscypliny kościelnej przez Lutra i innych.

Chociaż wiele dzieł Lutra porusza omawianą kwestię, to trzy jego traktaty/kazania skupiają się na niej w sposób szczególny: *Kazanie o Zakazie* (1520), *Klucze* (1530), oraz *O Soborach i o Kościele* (1539). Wiele z treści w wymienionych materiałach wynika z opozycji Lutra wobec podglądu Kościoła rzymskokatolickiego na temat pokuty i nadużyć autorytetu papieskiego. Luter cytuje fragmenty, takie jak: Ew. Mateusza 18:15-17, 1 Koryntian 5:1-33, 2 Tesaloniczan 3:14 i 2 Jana 1:10-11, aby zachęcić chrześcijan do podporządkowania dyscyplinie lokalnego kościoła dla własnego dobra duchowego. Dyscyplina służy za środek przynoszenia duchowych owoców, kiedy grzeszący wierzący odpowiada na napomnienie głębokim upamiętaniem. Jednak żadne dodatkowe czyny pokutne nie były konieczne, aby uzyskać przebaczenie ze strony Boga lub kościoła.

Luter także podkreślał, że autorytet posiadania kluczy nie spoczywał w ręku papieży czy biskupów, ale w ręku lokalnego kościoła i jego przywódców. Ew. Mateusza 18 oraz 1 Koryntian 5 ukazują, że członkowie kościoła powinni być zaangażowani w przypadki wymagające zastosowania dyscypliny. Dyscyplina w Piśmie nie była wymierzana przez rozporządzenie apostolskie czy też papieskie. Co więcej, celem dyscypliny nie było wykluczenie osoby na stałe z kościoła i pozostawianie jej bez nadziei, lecz dążenie do przywrócenia takiej osoby do wspólnoty, w wyniku szczerego upamiętania. Cała lokalna wspólnota miała być zaangażowana w proces dyscypliny i odpowiedzialna (jeśli doszło do ekskomuniki), by wydać wyrok w zgodzie z Pismem. Jednak odpowiedzialność wspólnoty nie kończyła się na wykluczeniu, ale członkowie byli nadal odpowiedzialni, by taką osobę wzywać do upamiętania.

Inny Reformator, Jan Kalwin, także praktykował dyscyplinę kościelną, mając na uwadze konkretne cele. Po pierwsze, uważał, że kościoły powinny praktykować dyscyplinę, aby chronić czystość nauki, bronić reputacji Boga oraz pobożności wśród bożych ludzi. Dyscyplina, według Kalwina, powinna być wdrażana ku korekcie grzeszącego, oraz w nadziei na jego przywrócenie do właściwej społeczności z Bogiem i z Kościołem (*Institutes of the Christian Religion*, 4.12.113–).

Anabaptyści, tacy jak Balthasar Hubmaier, także mocno wierzyli w słuszność dyscypliny kościelnej. Dla Hubmaiera chrzest, członkostwo, Pamiątka Wieczerzy Pańskiej, uczniostwo oraz dyscyplina łączyły się ze sobą doktrynalnie - były nierozerwalne. Uważał także, że lokalna wspólnota była powołana, by dochowywać biblijnych standardów dyscypliny, chroniąc kościół jako całość, wyciągając do nieopamiętującego się grzesznika nadzieję upamiętania.

Mimo różnic w niektórych kwestiach eklezjologicznych, reprezentanci protestantyzmu zgodnie odrzucali autorytet kluczy królestwa będących w ręku papieży i biskupów, a także praktykę pokuty. W zamian, lokalne kościoły były zobowiązane, by sprawować autorytet samemu w odniesieniu do dyscypliny, wzywając przede wszystkim do upamiętania, a nie do aktów zadośćuczynienia.

## OCENA I ZASTOSOWANIE

Pierwsza krytyka rzymskokatolickiego spojrzenia na dyscyplinę skupia się idei „pokuty". Pismo nawołuje do upamiętania, czyli do przemiany myślenia i życia. Upamiętanie uwzględnia rozpoznanie, że moje myśli, słowa i czyny są grzeszne, a tym samym poważne wobec Boga. Upamiętanie uwzględnia także żal za popełniony grzech oraz decyzję, by odwrócić się od grzechu i zwrócić się w stronę sprawiedliwości. Takie postrzeganie różni się od wypełniania czynów pokutnych, które próbują zaskarbić sobie względy u Boga, proporcjonalnie do popełnionych grzechów (im cięższy grzech, tym więcej potrzeba pokuty). Podczas gdy upamiętanie wymaga też zmiany, to nie *zapracowuje* ono sobie na łaskę; a raczej jest zakorzenione w łasce już otrzymanej (Filipian 2:12-13), rozpoznając i uznając tego, który już w pełni zapłacił za grzech (Rzymian 3:21-26). Protestanckie spojrzenie na upamiętanie, w sposób wierniejszy odzwierciedla nauczanie Pisma.

Po drugie, możliwość posługiwania się kluczami królestwa nie należy do tych, którzy określają siebie jako posiadających autorytet w oparciu o sukcesję apostolską. Należy ona raczej do lokalnego kościoła i jego członków, pośród których przywódcy oczywiście odgrywają ważną rolę. Widać to wyraźnie w powtarzanym zwrocie widocznym w Ew. Mateusza 16:19 i 18:18, gdzie Jezus nadaje autorytet kluczy królestwa tak, że „cokolwiek byście związali na ziemi, będzie związane i w niebie; i cokolwiek byście rozwiązali na ziemi, będzie rozwiązane i w niebie". Jezus wypowiada słowa z Ew. Mateusza 18 w kontekście zastosowania dyscypliny kościelnej, której kulminacja ma miejsce w zaangażowaniu się całej wspólnoty. Fragmentem, w którym widzimy zastosowanie tej zasady, jest 1 Koryntian 5:1-13, gdzie Paweł zwraca się do kościoła, aby ten podjął działanie w kierunku usunięcia spośród siebie grzeszącego człowieka, któremu brak upamiętania. Autorytet kluczy jest dany tutaj lokalnemu kościołowi, a nie wyższym strukturom hierarchicznym kościoła.

W odniesieniu do powyższego, protestanckie spojrzenie na dyscyplinę uwzględnia jej zastosowanie na pewne konkretne sposoby, gdzie trzy spośród nich pozwolę sobie wymienić. Po pierwsze, jako członkowie kościoła musimy poważnie traktować naszą rolę i odpowiedzialność wobec innych członków wspólnoty, aby nawzajem siebie zachęcać i pobudzać do walki z grzechem. Po drugie, lokalne kościoły nie powinny wymagać od grzeszącego poddanego dyscyplinie więcej niż wymaga sama Biblia, a mianowicie upamiętania. Na koniec, chociaż praktyka dyscypliny nie będzie spotykać się z popularnością w naszych czasach, ufamy w autorytet oraz wystarczalność Pisma Świętego oraz pozostajemy wierni zadaniu czynienia uczniami, kochając Boga i siebie nawzajem, dążąc wspólnie ku świętości.

---

***O autorze:*** *Jeremy M. Kimble jest profesorem teologii na Uniwersytecie Cedarville w Cedarville, Ohio, a także członkiem kościoła Grace Baptist.*

# Dwa spojrzenia na autorytet w kościele: protestantyzm a rzymski katolicyzm

Gregg R. Allison

Wyobraźmy sobie trójnożny stołek. Teraz w myślach oznaczmy sobie jedną z jego nóg jako „Pismo Święte", drugą nogę jako „Tradycja", a trzecią nogę jako „Magisterium" (za chwilę te nazwy zostaną wyjaśnione). Tak wygląda obraz trójdzielnej struktury autorytetu dla Kościoła rzymskokatolickiego.

Teraz wyobraźmy sobie marmurową kolumnę wspierającą, powiedzmy, posąg. Na tej kolumnie wyobraźmy sobie etykietę z napisem „Pismo Święte". Oto ilustracja struktury autorytetu dla kościołów protestanckich.

Dwie rzeczy powinny się nam od razu rzucić w oczy. Struktury autorytetu dla tych dwóch gałęzi chrześcijaństwa są bardzo różne. Jedna jest jak trójnożny stołek; druga jest jak marmurowa kolumna. I w obu jest jeden wspólny element: Pismo Święte.

## RZYMSKOKATOLICKI STOŁEK

Porównajmy więc i zestawmy ze sobą te dwa podejścia do autorytetu, wyobrażając sobie najpierw trójnożny stołek.

### Pismo Święte

Rzymskokatolicka struktura autorytetu składa się z trzech elementów. Pierwszy, Pismo Święte, jest spisanym Słowem Bożym. Kościół katolicki uważa, że Biblia jest natchniona przez Boga, stanowi autorytet (wraz z Tradycją i Magisterium), jest prawdziwa (być może nawet nieomylna) i ma moc przemieniania grzeszników. Rzymskokatolicki Nowy Testament jest identyczny z protestanckim, ale Stary Testament się różni. Wersja rzymskokatolicka zawiera apokryfy, to jest siedem dodatkowych ksiąg: Tobiasza, Judyty, Mądrości, Mądrości Syracha, Barucha oraz Pierwsza i Druga Machabejska. Ma też dodatkowe fragmenty wtórnokanoniczne w Księdze Estery i Daniela. Katolickie wierzenia, takie jak czyściec (2 Mch 12:38-46) i konieczność zasłużenia sobie na życie wieczne (Syr 16:14), opierają się na tych dodatkowych pismach. Co ważne, chociaż kościoły katolickie i protestanckie odwołują się do Pisma Świętego, musimy zdawać sobie sprawę, że nie mają one tego samego Pisma.

### Tradycja

Drugim elementem autorytetu dla Kościoła rzymskokatolickiego jest Tradycja. Odnosi się ona do nauk Jezusa ustnie przekazanych Jego apostołom, którzy z kolei ustnie przekazali te nauki swym następcom, biskupom kościoła, a ci ostatni do tej pory nadal je pielęgnują i chronią. Czasami, jako głowa Kościoła katolickiego, papież ogłaszał element tej tradycji jako oficjalny dogmat, który jest obowiązujący w sumieniu wiernych. Na przykład w roku 1854 Papież Pius IX ogłosił Niepokalane Poczęcie Maryi[1], a w 1950 roku Papież Pius XII ogłosił Wniebowzięcie Marii[2].

Co ważne, Kościół katolicki „swoją pewność odnośnie do wszystkich spraw objawionych czerpie nie z samego tylko Pisma Świętego. Toteż i Pismo Święte, i Tradycję należy przyjmować z jednakim szacunkiem i pietyzmem i otaczać taką samą czcią"[3]. Objawienie Boże składa się z Pisma Świętego i Tradycji – a nie są one dwoma źródłami, ale stanowią dwa aspekty autorytatywnego objawienia Bożego.

### Magisterium

Magisterium jest trzecim elementem autorytetu dla Kościoła. Ten urząd nauczycielski Kościoła katolickiego składa się z papieża wraz z biskupami pozostającymi w jedności z nim. Do obowiązków tego urzędu należy autorytatywne ustalanie kanonu Pisma Świętego, autorytatywna interpretacja Pisma Świętego oraz autorytatywne ogłaszanie i interpretacja Tradycji[4].

„W związku z tym Kościół katolicki posiada trzyczęściową strukturę autorytetu: spisane Pismo Święte, Tradycję i Magisterium. Tak jak trzy nogi trójnożnego stołka, zapewniają wsparcie dla tego, kto na nim siedzi, te trzy elementy dostarczają Boże objawienie i jego autorytatywną interpretację dla Kościoła"[5].

### KOLUMNA PROTESTANCKA

Teraz zmieńmy w myślach obraz trójnożnego stołka na obraz marmurowej kolumny.

Struktura autorytetu dla protestantów składa się z jednego elementu: Pisma Świętego jako spisanego Słowa Bożego, natchnionego przez Boga, autorytatywnego, prawdziwego, wystarczającego, koniecznego, jasnego i przemieniającego grzeszników. W przeciwieństwie do rzymskich katolików, protestanci trzymają się zasady sola Scriptura: Pismo Święte jest jedynym autorytetem dla Kościoła, ostatecznie determinującym doktrynę, praktykę, wiarę, kult i służbę. W czasie Reformacji zasada ta została sprzęgnięta z wyraźnym odrzuceniem struktury autorytetu Kościoła rzymskokatolickiego. Tylko Pismo Święte, a nie Pismo Święte plus Tradycja, plus Magisterium, jest autorytetem dla Kościoła.

W tym punkcie musimy zrobić trzy zastrzeżenia: po pierwsze, autorytet biblijny musi zawsze odnosić się do samego Boga, który jako suwerenny Pan objawia sam siebie i swoje drogi poprzez natchnione, a tym samym autorytatywne, Pismo Święte. Bóg jest nieodłącznie związany ze swoim Słowem. W związku z tym posłuszeństwo Słowu Bożemu oznacza posłuszeństwo w stosunku do

---

[1] Papież Pius IX, Ineffabilis Deus (December 8, 1854). http://www.papalencyclicals.net/pius09/p9ineff.htm.

[2] Papież Pius XII, Munificentissimus Deus (November 1, 1950). http://w2.vatican.va/content/pius-xii/en/apost_constitutions/documents/hf_p-xii_apc_19501101_munificentissimus-deus.html.

[3] Art. 82 Katechizmu Kościoła Katolickiego, Wydanie II poprawione, Pallotinum 2002, str. 38.

[4] Według Kościoła Katolickiego, „Zadanie autentycznej interpretacji słowa Bożego, spisanego czy przekazanego przez Tradycję, powierzone zostało samemu tylko żywemu Urzędowi Nauczycielskiemu Kościoła" (Katechizm Kościoła Katolickiego, 85).

[5] Gregg R. Allison, Roman Catholic Theology and Practice: An Evangelical Assessment (Wheaton: Crossway, 2014), 80.

samego Boga. Nieposłuszeństwo Słowu Bożemu jest nieposłuszeństwem wobec Boga. Zaufanie Słowu Bożemu jest zaufaniem samemu Bogu. Brak zaufania wobec Słowa Bożego jest brakiem zaufania wobec samego Boga. Według słów Timothy'ego Warda: „Bóg tak identyfikuje się ze swoimi słowami, że cokolwiek ktoś czyni ze słowami Bożymi... czyni to bezpośrednio Bogu". To stwierdzenie nie równa Boga z Jego Słowem. Ale wyraźnie świadczy o tym, że Bóg, do którego należy wszelka władza, aby nakazywać to, co wierzący powinni robić i w co wierzyć, a także, aby zabraniać tego, czego nie wolno im robić i w co nie wolno im wierzyć, stoi za swoim autorytatywnym Słowem[6].

Tak więc autorytet Słowa Bożego idzie w parze z autorytetem Ducha Świętego, który zainspirował to Słowo (2 P 1:19-21, 2 Tym 3:15-17) i umożliwia Kościołowi zrozumienie go (1 Kor 2:10-16).

Po drugie, *Sola Scriptura* jest zasadą ostatecznego autorytetu, co nie oznacza, że Kościół nie posiada żadnego innego autorytetu. Chociaż kościoły protestanckie słusznie odrzucają Tradycję (przez wielką literę T) Kościoła katolickiego, nie odrzucają tradycji (przez małe t) ani zgromadzonej mądrości historycznego Kościoła. Przykładami takiej tradycji są doktryny Trójcy Świętej (jeden Bóg, trzy osoby) i Chrystusa (jedna osoba, dwie natury), które zostały wykute we wczesnym kościele.

Podczas gdy Pismo Święte posiada autorytet *magisterialny* (prowadzący) dla kościołów protestanckich, tradycja posiada autorytet *ministerialny* (służebny). Podczas gdy Pismo cieszy się *ostatecznym* autorytetem, tradycja cieszy się *domniemanym* autorytetem. Przy założeniu, że opiera się ona na Piśmie, dobrze podsumowuje Pismo Święte i od początku była uznawana przez Kościół, tradycję należy uważać za prawdziwy drugorzędny autorytet, dopóki nie udowodni się jej błędu[7].

Po trzecie, kościoły protestanckie charakteryzują się pewnym rodzajem autorytatywnego zarządzania. W kongregacjach pastorzy / starsi wykonują swój urząd w oparciu o autorytet przekazany im przez Jezusa Chrystusa, Głowę Kościoła. Tak więc są odpowiedzialni za to, aby nauczać (1 Tym 3:2; 5:17; Ef 4:11), prowadzić (1 Tym 3:5, 5:17), modlić się (zwłaszcza o chorych, Jk 5:13-16) i paść trzodę Bożą (1 P 5:1-4). Posiadają niezbędny autorytet do wykonywania tych obowiązków. Członkowie kościoła są również odpowiedzialni między innymi za przyjmowanie i ekskomunikowanie członków (Mt 18:15-20), a także zatwierdzanie kluczowych decyzji swoich pastorów (na przykład roczny budżet i zmiany w statucie kościoła). Posiadają także niezbędny autorytet do wykonywania tych obowiązków.

W innych kościołach protestanckich autorytatywną rolę pełnią biskupi (władza episkopalna) lub lokalni starsi sprawujący władzę poprzez prezbiteria, synody i zgromadzenia ogólne (władza prezbiteriańska). Żadna z tych struktur nie jest w najmniejszym stopniu podobna do autorytetu Magisterium Kościoła rzymskokatolickiego.

---

[6] Timothy Ward, Words of Life: Scripture as the Living and Active Word of God, (Downers Grove, IL: IVP Academic, 2009), 27.

[7] Gregg R. Allison, The Corpus Theologicum of the Church and Presumptive Authority, w Derek J. Tidball, Brian S. Harris, and Jason S. Sexton, eds., Revisioning, Renewing, Rediscovering the Triune Center: Essays in Honor of Stanley J. Grenz (Eugene, OR: Cascade, 2014), 313-339.

W przeddzień pięćsetnej rocznicy Reformacji protestanckiej nasze myśli powinny być skupione na marmurowej kolumnie, a nie na trójnożnym stołku. *Sola Scriptura* to coś więcej niż tylko motto reformacji. To struktura autorytetu dla kościołów protestanckich.

---

**O autorze:** *Gregg R. Allison jest profesorem teologii chrześcijańskiej w Seminarium The Southern Baptist Theological Seminary.*

# Jak Reformacja przywróciła właściwe znaczenie sakramentom?

Bobby Jamieson

Protestancka Reformacja XVI wieku przywróciła ewangelię sakramentom, a sakramenty zgromadzeniu.

Dlaczego sakramenty potrzebowały odnowienia? Pokuta, czyściec, odpusty, kult świętych – to wszystko było częścią systemu, w którym sakramenty umożliwiały jednostkom uszczknięcie nieco z beznadziejnie wielkiego długu ich własnych lub cudzych grzechów. W czasie późnego średniowiecza msza była w swojej istocie czymś oglądanym przez jej świeckich uczestników, a nie ich duchowym posiłkiem.

Wraz z odzyskaniem biblijnej ewangelii, reformatorzy przywrócili sakramentom właściwą doktrynę i praktykę wynikające z ewangelii i z nią spójne. Ponieważ Chrystus w pełni spłacił dług wynikający z naszych grzechów, sakramenty obrazują całkowite przebaczenie i zawierają w sobie jego obietnicę; a ponieważ ewangelia łączy Boży lud w jedno lokalne ciało, sakramenty wyrażają i wcielają w życie jedność zgromadzenia w Chrystusie.

W dalszej części pokrótce zilustruję tę podwójną odnowę na podstawie pism i praktyki trzech kluczowych reformatorów: Lutra, Kalwina i Cranmera. Istnieją dwa powody, dla których poświęcę więcej uwagi Wieczerzy Pańskiej niż sakramentowi chrztu. Po pierwsze, w pewnych kwestiach kontrast między protestancką Wieczerzą Pańską a rzymskokatolicką mszą jest bardziej uderzający i wyraźny, niż kontrast między ich praktyką chrztu (w większości wypadków) niemowląt. Po drugie, jako baptysta sądzę, że chrzest jest jedną z najważniejszych kwestii, w których przedstawiciele Reformacji urzędowej nie dokonali wystarczająco daleko idących zmian. Niemniej, w trosce o obiektywność, odłożę moją opinię w tej kwestii na bok i pokażę jak, nawet w praktyce chrztu niemowląt, reformatorzy rzeczywiście przywrócili jej pierwszeństwo ewangelii oraz umożliwili zgromadzeniu uczestnictwo w niej.

## *Luter*

Weźmy najpierw pod uwagę, jak Luter przywrócił ewangelię Wieczerzy Pańskiej (którą wciąż nazywał „mszą", choć radykalnie przedefiniował ten termin). W *O niewoli babilońskiej Kościoła* (1520) napisał:

> *W swojej treści, msza nie jest więc niczym innym jak wspomnianymi już słowami Chry-*

stusa: *„Bierzcie i jedzcie"* [Mat 26:26], jakby mówił: *„O grzeszny i potępiony człowieku, z powodu szczerej, niezasłużonej miłości, którą Cię ukochałem i z woli Ojca wszelkiej łaski* [2 Kor 1:3], *w oddzieleniu od jakichkolwiek Twoich zasług i pragnień, obiecuję Ci w tych słowach przebaczenie wszystkich Twoich grzechów i życie wieczne. Byś mógł mieć absolutną pewność odnośnie mej nieodwołalnej obietnicy, oddam moje ciało i przeleję moją krew, potwierdzając ją moją własną śmiercią i pozostawiając Ci moje ciało i krew jako znak i pamiątkę właśnie tej obietnicy. Za każdym razem, kiedy w nich uczestniczysz, wspominaj mnie, ogłaszaj i chwal okazane Ci miłość i dobroć oraz składaj dziękczynienie*[1].

Ponieważ Wieczerza Pańska nie jest niczym innym, jak złożoną nam obietnicą Chrystusa, do uczestnictwa w niej niezbędna jest wiara:

*Zobaczycie stąd, że do godnego uczestnictwa w mszy nie potrzeba niczego innego, jak tylko wiary, która ufnie polega na obietnicy, wierzy, że Chrystus mówi w tych słowach prawdę oraz nie wątpi, że te nieskończone błogosławieństwa rzeczywiście zostały w niej zawarte… Kto nie uroniłby łzy szczęścia, albo wręcz omdlał z radości, którą ma w Chrystusie, gdyby wierzył z niezachwianą pewnością, że ta bezcenna obietnica Chrystusa rzeczywiście do niego należy?*[2]

W swoim kazaniu o *Błogosławionym sakramencie świętego, prawdziwego Ciała Chrystusa* z 1519 roku Luter argumentuje, że zgromadzenie powinno spożywać Wieczerzę pod dwiema postaciami. Dlaczego? Ponieważ spożywanie tylko jednego z nich nie wskazuje na „pełną unię i jedność społeczności świętych"[3]. Luter argumentuje: „Tak więc w sakramencie my też zostajemy zjednoczeni w Chrystusie i uczynieni jednym ciałem ze wszystkimi świętymi tak, że Chrystus troszczy się o nas i działa w naszym imieniu"[4]. Dla Lutra nasza jedność z Chrystusem w „rozkosznej wymianie" ewangelii konstytuuje też jedność zgromadzenia: „Przez wymianę Jego błogosławieństw i naszych uchybień, stajemy się jednym chlebem, jednym ciałem, jednym napojem i wszystko mamy wspólne"[5].

### Kalwin

Poniżej Kalwin wskazuje na związek ewangelii z Wieczerzą Pańską. Sedno sprawy będzie wyjaśnione już na początku cytowanego fragmentu, więc resztę potraktuj po prostu jako lekarstwo dla swej duszy:

*Pobożne dusze mogą odnaleźć w tym sakramencie ogromną pewność i rozkosz. W nim mogą stać się świadkami jak rośniemy w jedno ciało z Chrystusem w taki sposób, że cokolwiek jest*

---

[1] Martin Luther, The Babylonian Captivity of the Church, in Three Treatises (Minneapolis: Fortress, 1970), 158.

[2] Ibid.

[3] Słownictwo użyte przez Dean Zweck, The Communion of Saints in Luther's 1519 Sermon, The Blessed Sacrament of the Holy and True Body, LTJ 49 (2015): 118.

[4] LW 35:58; cytowane w Zweck, The Communion of the Saints, 119.

[5] Ibid.

*Jego, może być nazwane naszym. Na skutek tego możemy ośmielić się mieć pewność, że życie wieczne, którego On jest dziedzicem, jest nasze oraz że Królestwo Niebieskie, do którego wcześniej wstąpił, nie może być nam odebrane, podobnie jak nie może być odebrane Jemu. Co więcej, nie możemy zostać potępieni za nasze grzechy, za winy, z których nas wyzwolił, gdyż dobrowolnie wziął je na siebie, jakby to On sam je popełnił; że wspaniała zamiana, której z nami dokonał ze względu na swą nieskończoną dobroć polega na tym, że stając się Synem człowieczym pośród nas, uczynił nas synami Boga w Nim; że przez swoje zejście na ziemię, przygotował dla nas wejście do nieba; że przyjmując na siebie naszą śmiertelność, przyznał nam swoją nieśmiertelność; że akceptując naszą słabość, umocnił nas Swoją mocą; że biorąc na siebie naszą nędzę, przekazał nam swoje bogactwo; że unosząc ciężar naszej nieprawości (który nas ciemiężył), przyodział nas w swoją sprawiedliwość*[6].

Jeśli chodzi o rolę Wieczerzy w wyrażaniu jedności zgromadzenia z Chrystusem i ze sobą nawzajem, Kalwin łączył te dwa aspekty, komentując fragment 1 Listu do Koryntian 10:16-17 „Musimy najpierw wszyscy być włączeni (ujmę to w ten sposób) w Chrystusa, abyśmy mogli być zjednoczeni ze sobą nawzajem"[7]. Ponownie pisze o tym w swoich *Instytucjach*: „Także, ponieważ ma On tylko jedno ciało, którego czyni nas uczestnikami, jest niezwykle ważne, żebyśmy my wszyscy, dzięki temu uczestnictwu, również tworzyli jedno ciało. Chleb ukazany w sakramencie reprezentuje tę jedność"[8].

Jakie jest praktyczne, duszpasterskie zastosowanie tej dwojakiej odnowy? Jeżeli Wieczerza Pańska potwierdza naszą jedność z Chrystusem oraz ze sobą nawzajem, to jak powinno wyglądać nasze wspólne życie?

*Będziemy czerpać wielkie korzyści z sakramentu, jeśli następująca myśl będzie zapisana i wyryta w naszych umysłach: żaden z naszych braci w wierze nie może być przez nas raniony, pogardzany, odrzucany, sponiewierany, ani w żaden sposób krzywdzony, bez równoczesnego ranienia, pogardzania, odrzucania i sponiewierania Chrystusa. Nie może być niezgody między nami a naszymi braćmi, bez równoczesnej niezgody z Chrystusem. Nie możemy kochać Chrystusa, nie kochając Go w naszych braciach. Powinniśmy troszczyć się o ich ciała tak samo, jak troszczymy się o własne, gdyż jesteśmy częścią tego samego ciała, w którym żaden z członków nie może cierpieć bez rozprzestrzenienia się jego bólu na resztę ciała, w związku z czym nie powin-*

---

[6] John Calvin, Institutes of the Christian Religion, ed. John T. McNeill, trans. Ford Lewis Battles, vol. 2, The Library of Christian Classics (Louisville, KY: Westminster John Knox, 1960), 1361–62 (4.17.2).

[7] John Calvin, Commentary on the Epistles of Paul the Apostle to the Corinthians, trans. John Pringle, Calvin's Commentaries 20 (Grand Rapids: Baker, 2009), 335.

[8] Calvin, Institutes, 2:1415 (4.17.38).

*niśmy pozwolić naszemu bratu doświadczać jakiegokolwiek zła, nie będąc przepełnionymi współczuciem wobec niego*[9].

### Cranmer

A co z Thomasem Cranmerem, głównym architektem liturgii Reformacji angielskiej? Dla Cranmera oba sakramenty namacalnie prezentowały ewangelię zgromadzeniu. Zarówno w chrzcie, jak i Wieczerzy Pańskiej nie tylko słyszymy ewangelię, ale też widzimy ją, dotykamy, czujemy i smakujemy:

> *Tak więc obmycie wodą chrztu jest w pewnym sensie ukazaniem naszym oczom Chrystusa. Nasze zmysły dotykają, czują i odnajdują Go, potwierdzając naszą wewnętrzną wiarę, którą w Nim pokładamy... Właśnie z tego powodu Chrystus ustanowił ten sakrament w chlebie i winie (które jemy i pijemy, i które są podstawowym pokarmem naszych ciał), z przekonaniem, że z jaką pewnością, widzimy chleb i wino naszymi oczyma, czujemy ich zapach naszymi nosami, dotykamy ich naszymi rękoma i próbujemy ich naszymi ustami, z taką samą pewnością powinniśmy uwierzyć, że Chrystus jest naszym duchowym życiem i pokarmem naszych dusz... Tak więc nasz Zbawiciel, Chrystus... ustanowił namacalne znaki i symbole, by zachęcić nas, pobudzić do większej siły i mocniejszej wiary w Niego*[10].

Według Cranmera, właśnie dlatego sakramenty umacniają wiarę, ponieważ namacalnie obrazują i prezentują ewangelię. Ponadto, podobnie jak u Lutra i Kalwina, wspólny bochenek chleba i kielich podczas Wieczerzy podkreślają naszą duchową jedność nie tylko z Chrystusem, ale też ze sobą nawzajem: „Chleb i wino w sposób nadzwyczaj żywy wyrażają naszą duchową unię i więź wszystkich wiernych ludzi, zarówno z Chrystusem, jak i ze sobą nawzajem"[11].

Na koniec kilka słów odnośnie chrztu niemowląt, biorąc Cranmera za przykład. Choć dostrzegam tu pewne niespójności, warto zwrócić uwagę na to, że wyznanie i liturgia Cranmera słusznie podkreślają wspólnotowy, kongregacyjny wymiar chrztu. Na przykład tutaj, we fragmencie Artykułu 29 z publikacji *39 artykułów religii* znajduje się stwierdzenie na temat chrztu: „Chrzest jest nie tylko symbolem wyznania wiary i oznaką oddzielenia, na podstawie którego chrześcijanin jest odróżniony od tych, którzy nie są ochrzczeni, lecz jest też znakiem odnowy i nowych narodzin, w wyniku czego ci, którzy zostali ochrzczeni, na mocy tego sakramentu są prawomocnie wszczepieni w Kościół"[12]. Ponownie, w *Modlitewniku powszechnym* (1552), po chrzcie usługujący ma się modlić: „Przyjmujemy to dziecko do naszego zgromadze-

---

[9] Ibid.
[10] John Edmund Cox, ed., Writings and Disputations of Thomas Cranmer Relative to the Lord's Supper (Cambridge: The University Press, 1844), 41; cited in Ashley Null, "Thomas Cranmer," w Christian Theologies of the Sacraments: A Comparative Introduction, ed. Justin S. Holcomb and David A. Johnson (New York: New York University Press, 2017), 220.
[11] W An Answer to a crafty and sophistical cavilliation devised by Stephen Gardiner(1551); Zawdzięczam ten cytat, oraz następujące po nim punkty, doskonałemu opracowaniu mojego przyjaciela, Stephen'a Tong dla 2016 Lightfoot Scholarship at Cambridge, "The Sacraments as Practical Ecclesiology in the Church of Edward VI, 1547–1553," 29.
[12] Dostępne pod: http://anglicansonline.org/basics/thirty-nine_articles.html.

nia trzody Chrystusa"[13]. Choć myślę, że jest tu widoczna pewna niespójność, to równocześnie jest w tych słowach coś, co brzmi właśnie tak, jak powinno. Chrzest nie jest prywatnym obrządkiem, lecz drzwiami wejściowymi do lokalnego zgromadzenia, „znakiem oddzielającym" między Kościołem a światem.

### Dziś?

Choć może nie powiemy tego na głos, jako współcześni ewangelikalni chrześcijanie jesteśmy kuszeni, by traktować Reformację jako triumf ewangelii nad sakramentami. Kościół rzymskokatolicki stracił ewangelię w swoim błędnym kulcie (dosłownie) sakramentów, a Reformatorzy odzyskali ewangelię przez zepchnięcie sakramentów na margines. Cóż, niezupełnie.

Dla reformatorów Słowo i sakramenty nie są wrogami, lecz najlepszymi przyjaciółmi. Słowo jest mocne i jest fundamentem, jednak Chrystus w swojej mądrości i dobroci zawarł w tym Słowie dwa sakramenty. Zrobił to zarówno po to, by umacniać naszą wiarę, jak i oddzielić swoich ludzi od świata. Słusznie świętujemy przywrócenie przez Reformację usprawiedliwienia wyłącznie przez wiarę. Lecz ewangelia, którą Reformacja przywróciła, rodzi lud ewangelii, który funkcjonuje według ewangelii. Uczmy się więc z tego, jak Reformatorzy rozumieli znaki ewangelii, które łączą razem ludzi ewangelii.

---

[13] Dostępne pod: http://justus.anglican.org/resources/bcp/1552/Baptism_1552.htm;

---

**O autorze:** *Bobby Jamieson jest pastorem wspomagającym w Capitol Hill Baptist Church w Waszyngtonie, DC. Jego najnowsze publikacje to Zrozumieć chrzest i Zrozumieć Wieczerzę Pańską (Understanding Baptism oraz Understanding the Lord's Supper). Można go znaleźć na Twitterze @bobby_jamieson.*

# Marcin Luter: Reformator poradnictwa duszpasterskiego

Bob Kellemen

Ze względu na troskę duszpasterską, Marcin Luter czuł się w obowiązku przybić 31 października 1517 roku swoje dziewięćdziesiąt pięć tez do drzwi kościoła zamkowego w Wittenberdze. Tego samego dnia Luter wysłał list przewodni do kardynała Albrechta, arcybiskupa Moguncji, przedstawiając swoją duszpasterską motywację dla tej reformacyjnej służby. Luter rozpoczął list, wyrażając zaniepokojenie o swoją trzódkę, której wielu członków podróżowało do dominikanina, Jana Tetzela, aby uzyskać uwolnienie od winy. Napisał on: „Napawa mnie ogromnym smutkiem wielkie nieporozumienie występujące pośród ludu spowodowane przez tych kaznodziei i to, co rozpowszechniają wśród ludzi. Te biedne dusze najwyraźniej wierzą, że, nabywszy dokument dający odpust, uzyskują zapewnienie swojego zbawienia"[1].

Następnie Reformator zwrócił się wprost do kardynała. „Na wielkiego Boga. Dusze powierzone twojej pieczy, czcigodny Ojcze, są w ten sposób skazywane na śmierć. Na tobie spoczywa największa i bezustannie rosnąca odpowiedzialność za wszystkie te dusze. Dlatego nie mogę dłużej milczeć w tej sprawie"[2].

Bez wątpienia Luter pastor i pasterz zainspirował Lutra reformatora.

## Pastorska motywacja Lutra dla reformacji

Historyk John T. McNeil słusznie zauważa, że „w kwestiach dotyczących leku dla dusz początek dał mu niemiecki Reformator"[3]. R. C. Sproul podziela to zdanie, stwierdzając: „Niewątpliwie dziewięćdziesiąt pięć tez umieszczonych na drzwiach kościoła w Wittenberdze zostało napisane po łacinie jako wezwanie do dyskusji teologicznej pośród kadry naukowej uniwersytetu. Ale co skłoniło Lutra do tego, by domagać się takiej dyskusji? Mówiąc wprost, było to spowodowane duszpasterską troską"[4]. Historyk Theodore G. Tappert wyjaśnia:

*Zazwyczaj myśli się o Marcinie Lutrze jako o postaci, która wstrząsnęła światem, przeciwstawiając się papiestwu i cesarstwu, reformując nauczanie, sposób oddawania czci Bogu, organizację i życie kościoła oraz wywierając trwały wpływ na zachodnią cywilizację. Czasami*

---

[1] 51 Luther, Luther's Works, Vol. 48, "Letters I," 46.
[2] Ibid
[3] 53 McNeil, A History of the Cure of Souls, 163.
[4] Sproul, The Legacy of Luther, 280.

zapomina się o tym, że był on również — i to przede wszystkim — pastorem i pasterzem dusz. Dlatego dobrze jest przypomnieć sobie, że reformacja zaczęła się w Niemczech, kiedy Luter zaczął niepokoić się o dusze swoich parafian, którzy wierzyli, że zakupując dokument udzielający odpustu mogą uzyskać pewność zbawienia[5].

Luter miał głębokie współczucie dla obaw swoich parafian, ponieważ krótko przed przybiciem tez sam osobiście zmagał się z demonami zwątpienia odnośnie Bożej łaski i przebaczenia. Jak sam stwierdził: „Chociaż jako mnich żyłem nienagannie, czułem się wobec Boga grzesznikiem i miałem pełne niepokoju sumienie, nie sądziłem, że cokolwiek, o czym myślę, co robię lub o co się modlę, mogłoby przebłagać Boga"[6]. Myśl o stanięciu twarzą w twarz ze świętym Bogiem budziło w Lutrze długotrwały strach i bezustanną obawę przed tym, że nigdy nie znajdzie pokoju z Bogiem (często określał to jako swoje *Anfechtung*). Bolesne osobiste poszukiwanie łaskawego Boga przez Lutra połączyło się z duszpasterską troską o jego zagubioną trzódkę. Jego biograf Heiko Oberman ujął to następująco:

*Niezwykle ważne jest uświadomienie sobie tego, że Luter stał się reformatorem, który był powszechnie słuchany i rozumiany dzięki temu, że przekształcał abstrakcyjne zagadnienie sprawiedliwego Boga w egzystencjalne dążenie dotyczące całej ludzkiej istoty, obejmujące myśli i działanie, duszę i ciało, miłość i cierpienie... Konwulsje duszy Lutra, które opisywał jako piekielne tortury, miały dalekosiężne konsekwencje. Reformator poszedł własną, niebezpieczną drogą nie tylko jako teolog biblijny, ale również jako doświadczony psychologicznie duchowny*[7].

Osobista wyprawa Lutra po Bożą łaskę nie tylko pobudzała jego osobiste religijne przeżycie, ale również motywowała jego działania reformacyjne oraz jego pracę duszpasterską.

### *Luter jako pastor i osobista posługa Słowa*

Podczas gdy często patrzymy na Lutra jako na teologa-reformatora, on sam postrzegał siebie jako pastora nie tylko zaangażowanego w posługę Słowa zza kazalnicy — głoszenie — ale również jako osobę zajmującą się osobistą posługą Słowa — poradnictwem duszpasterskim. Luter wierzył, że każdy pastor powinien być opiekunem dusz.

W wykładach na temat Listu do Galacjan wskazuje on na powołanie pastora: „Będąc posługującym Słowem, głoszę, *dodaję otuchy upadłym na duchu* i udzielam sakramentów"[8]. Luter nigdy nie czynił dychotomii między głoszeniem i poradnictwem duszpasterskim; obie te służby opierały się na Słowie i koncentrowały na ewangelii.

To samo przesłanie Luter zawarł w swoim napisanym 15 sierpnia 1528 roku liście do Lazarusa Spenglera. Wypowiedziawszy się na temat udzielania sakra-

---

[5] Tappert, Luther: Letters of Spiritual Counsel, 13.
[6] Luther, Luther's Works, Vol. 34, "Career of the Reformer IV," 336.
[7] Oberman, Luther, 151, 179.
[8] Luther, Commentary on Galatians, 21.

mentów, Luter podkreśla powołanie i rolę sługi Bożego: „Sprawa ma się tak samo, jak z powinnością głoszenia, *pocieszania, uwalniania od winy*, wspierania ubogich i odwiedzania chorych tak często, jak jest to potrzebne i konieczne"[9].

### Luter jako pastor i wystarczalność Pisma Świętego

Dla Lutra wystarczalność Pisma Świętego równała się wystarczalności opisu zwycięstwa ewangelii Chrystusowej. Patrzył on na Pismo Święte i poradnictwo duszpasterskie *przez pryzmat krzyża*. W swoim dziele *O wolności chrześcijańskiej* — w którym Luter skoncentrował się najbardziej na zastosowaniu ewangelii w codziennym życiu — przedstawia on podsumowanie tego, jak zastosować ewangelię:

> *Można zadać pytanie: „Któreż to słowo daje taką obfitość łaski i jak powinniśmy z niego korzystać?". Odpowiedź brzmi: „To nic innego, jak głoszenie Chrystusa w zgodzie z ewangelią, wypowiadane w taki sposób, że słyszysz, jak przemawia do ciebie twój Bóg. Pokazuje ono, że twoje całe życie i dzieło są niczym przed Bogiem, ale muszą zginąć na wieczność wraz z wszystkim, co jest w tobie. Kiedy prawdziwie wierzysz w swoją winę, wtedy tracisz wszelką nadzieję pokładaną w samym sobie i wyznajesz, że prawdziwe są słowa z Księgi Ozeasza: „O Izraealu, sprowadziłeś na siebie zniszczenie. Tylko we Mnie jest twoja pomoc". Zatem, abyś mógł uwolnić się i porzucić samego siebie, Bóg postawił przed tobą Swojego ukochanego Syna, Jezusa Chrystusa i pozwolił, aby do ciebie zostało skierowane to żywe i pocieszające słowo*[10].

W jaki sposób chrześcijanin wzrasta w łasce? Poprzez zastosowanie do swojego życia Słowa — opisu zwycięstwa Chrystusa. Luter stwierdza również: „Zatem dla każdego chrześcijanina właściwym jest, aby jego jedynym dziełem i podejmowanym wysiłkiem było kształtowanie w sobie Słowa i Chrystusa w ciągłym praktykowaniu i wzmacnianiu tej wiary, ponieważ żadne inne dzieło nie jest w stanie budować chrześcijanina"[11].

Po ukończeniu prac nad Psalmami, Listem do Rzymian oraz Listem do Galacjan i po przedstawieniu swoich dziewięćdziesięciu pięciu tez, została ostatecznie ukształtowana główna struktura jego rozwoju teologicznego. Inny biograf Lutra, James M. Kittelson, podsumował to w ten sposób:

> *Pozostało jeszcze sprecyzować wpływ wywierany na codzienne życie chrześcijanina. W tej kwestii pierwszym i najważniejszym zadaniem było ulżenie sumieniu wierzących. Jego własne sumienie było poddawane torturom religijnego świata, w którym przyszło mu osiągnąć dorosłość i teraz starał się ustrzec innych przed tą udręką. Wszedł na drogę prowadzącą ku reformie, gdy sprzedaż odpustów przez Tetzela okazała*

---

[9] Luther, Luther's Works, Vol. 49, "Letters II," 207.

[10] Luther, The Freedom of the Christian, in Krey, Luther's Spirituality, 72.

[11] Ibid., 73.

*się być sprzeczna z jego profesorskim nauczaniem i zagroziła sprawom, o które troszczył się jako pastor. Teraz ta sama troska popchnęła go na powrót ku podjęciu walki. Wyjaśniając praktyczne konsekwencje swojej teologii, wziął odpowiedzialność za wszystko, co wcześniej powiedział lub zrobił*[12].

W swoich ogólnodostępnych publikacjach oraz w prywatnych listach dotyczących duchowego poradnictwa „Luter znów sprowadzał wszystko w życiu chrześcijanina do obietnic Boga, pobudzających do zaufania Jego przychylności"[13]. Ta obietnica uwidoczniła się w ukrzyżowanym Chrystusie, który na zawsze stał się odpowiedzią na pytanie: "Czy Bóg ma dobre serce?" W całym swoim życiu, służbie i listach dotyczących poradnictwa duszpasterskiego Luter starał się zastosować w życiu wiernych chrześcijan prawdy usprawiedliwienia i pojednania przez wiarę wyłącznie z łaski.

W roku 1955, przed rozpoczęciem współczesnych dyskusji na temat tego, czy duszpasterze powinni łączyć boskie objawienie i ludzkie rozumowanie, Tappert zredagował i przetłumaczył dzieło Lutra *Luter: Listy dotyczące poradnictwa duchowego (Luther: Letters of Spiritual Counsel)*. Tappert twierdzi, że: „przeanalizowanie zebranych dzieł Lutra wyraźnie wskazuje na to, że poradnictwo duchowe nie było jedynie zastosowaniem zewnętrznych technik. Był to nieodłączny element jego teologii"[14]. Wyjaśnia on, że w czasach Lutra ludzie łączyli kilka dróg mających prowadzić do mądrości w codziennym życiu. Luter odrzucił założenie średniowiecznych scholastyków, że mądrość życiową w upadłym świecie można uzyskać poprzez rozumowanie lub logikę. Zaprzeczał również teorii średniowiecznych mistyków, jakoby Bóg i Jego wola mogły być poznane za pomocą samoumartwiania lub ekstatycznego uniesienia.

Co zatem stanowi wystarczające źródło zgodnej z Pismem Świętym troski? Tappert daje nam odpowiedź na to pytanie: „Zatem w oczach Lutra duchowe poradnictwo zawsze ponad wszystko dba o wiarę — pielęgnując, wzmacniając, utwierdzając, praktykując wiarę — a ponieważ 'wiara jest ze słuchania', centralne miejsce zajmuje w nim Słowo Boże (czy, inaczej mówiąc, ewangelia)".

Najprościej mówiąc, Luter opierał swoją teologię poradnictwa duchowego na wystarczalności Chrystusowej ewangelii łaski. Celem poradnictwa Lutra „jest nie tyle skłonienie ludzi do robienia pewnych rzeczy — poszczenia, odbywania pielgrzymek, zostania mnichem, wykonywania 'dobrych uczynków', a nawet przyjmowania sakramentu komunii — ale raczej do trwania w wierze i praktykowania miłości, która pochodzi z wiary." Tappert ujmuje to krótko: „Służba skierowana do strapionych dusz jest służbą ewangelii"[15].

## Przedstawienie ewangelii zwycięstwa jest wystarczające do życia w naszym upadłym świecie

Żadna z tych rzeczy nie była dla Lutra jedynie teorią. Żył i oddychał Pismem Świętym. Oto jak brzmi świadectwo Lutra: „Nic nie dawało mi takiej przyjemności, jak zgłębianie tekstu Pisma Świę-

---

[12] Kittleson, Luther the Reformer, 168-169.
[13] Ibid., 149.
[14] Tappert, Luther: Letters of Spiritual Counsel, 14.
[15] Ibid., 15.

tego. Czytałem je pilnie i utrwalałem je w mojej pamięci. Często jeden fragment o brzemiennej treści zajmował moje myśli przez cały dzień."[16] W innym miejscu stwierdza: „Od wielu lat czytam całą Biblię dwa razy w roku. Jeśli wyobrazimy sobie Biblię jako potężne drzewo, a każde słowo jako gałązkę, potrząsałem każdą z tych gałązek, ponieważ pragnąłem dowiedzieć się, czym jest i co oznacza"[17].

To, co było prawdziwe w życiu Lutra, było również prawdziwe dla jego służby poradnictwa duszpasterskiego. W liście skierowanym do Henninga Teppena Luter rekomenduje Pismo Święte jako jedyne prawdziwe pocieszenie w strapieniu. Chwaląc „dobrą znajomość Pisma" Teppena, Luter kieruje go ku Pawłowi: „Znasz przecież apostoła, który pokazuje ci ogród lub raj, pełen ukojenia, gdy mówi: 'Cokolwiek bowiem przedtem napisano, dla naszego pouczenia napisano, abyśmy przez cierpliwość i przez pociechę z Pism nadzieję mieli'. Przypisuje on tu Pismu Świętemu funkcję pocieszania. *Kto śmie poszukiwać lub prosić o pociechę gdziekolwiek indziej?*"[18]

Czy istnieje jaśniejsze stwierdzenie dotyczące wystarczalności Pisma Świętego dla poradnictwa duszpasterskiego?

Luter postrzegał również Pismo Święte jako wystarczające do walki z pokuszeniem: „Nic nie stanowi potężniejszej pomocy przeciwko diabłu, światu, ciału i wszelkim złym myślom niż *zajmowanie się Bożym Słowem, rozmawianie o nim i rozważanie go*". Dalej stwierdza: „Zwróć uwagę na to, że Psalm 1 wprost określa jako błogosławionego tego, który 'zakon jego rozważa dniem i nocą'. Bez wątpienia nie będziesz w stanie spalić przeciwko diabłu potężniejszego kadzidła czy wonności niż twoje zaangażowanie w przykazania oraz słowa Boga i mówienie, śpiewanie lub rozmyślanie nad nimi".

To samo Pismo Święte jest również wystarczające w przypadku duchowych wątpliwości i samodzielnego odnajdowania porady duchowej. Luter pisze: „Dlatego, gdy jesteśmy w wielkim przerażeniu, kiedy w naszym sumieniu odczuwamy jedynie grzech i stwierdzamy, że Bóg jest pełen gniewu wobec nas, a Chrystus odwrócił od nas Swoją twarz, nauczmy się nie kierować odczuciami naszego serca, ale przylgnąć do Słowa Bożego." To samo Słowo jest użyteczne do udzielania porad duszpasterskich innym: „Zatem wykonujemy naszą pracę poprzez Słowo Boże, aby uwolnić usidlonych, doprowadzić ich do czystej doktryny wiary i tam ich utrzymać"[19].

### Podsumowanie

Kościół zawsze zajmował się pomaganiem zranionym i strudzonym ludziom. Luter nie *wynalazł* poradnictwa duszpasterskiego. On je *zreformował*. Zastosował ewangelię do codziennych cierpień oraz duchowych zmagań swojej trzódki i w ten sposób zreformował zarówno teologię, jak i poradnictwo duszpasterskie — a wszystko to u stóp krzyża.

---

[16] Ibid., 18.
[17] Luther, LW, Vol. 54, "Table Talks," 165.
[18] Luther, LW, Vol. 49, "Letters II," 161.

[19] Luther, Commentary on Galatians, 333, 126.

---

***O autorze:*** *Bob Kellemen jest założycielе oraz prezesem RPM Ministries. Jest mówcą, autorem, oraz doradcą poradnictwa biblijnego i życia chrześcijańskiego. Kellemen także służy jako dyrektor Biblical Counseling Coalition. Obecnie służy jako jeden ze Starszych w kościele Bethel Church w Northwest Indiana. Dr Kellemen jest autorem czternastu książek.*

# Czy Twój kościół jest zdrowy?

Misją wydawnictwa 9Marks jest przekazywanie przywódcom zborów biblijnej wizji i praktycznych narzędzi, aby poprzez zdrowe kościoły Boża chwała była rozgłaszana na całym świecie.

Pragniemy pomóc kościołom w pielęgnowaniu dziewięciu cech świadczących o ich zdrowiu, którym jednak często nie poświęca się wystarczająco dużo uwagi. Są to:

1. Głoszenie ekspozycyjne
2. Doktryna Ewangelii
3. Biblijne zrozumienie nawrócenia i ewangelizacji
4. Biblijne członkostwo w kościele
5. Biblijna dyscyplina kościelna
6. Biblijna troska o uczniostwo i wzrost
7. Biblijne przywództwo Kościoła
8. Biblijne zrozumienie praktyki modlitwy
9. Biblijne zrozumienie i praktyka misji

Wydawnictwo 9Marks oferuje artykuły, książki, recenzje książek oraz magazyn online. Organizujemy konferencje, rejestrujemy wywiady i proponujemy inne narzędzia mające wesprzeć kościoły w misji ukazywania światu Bożej chwały.

Odwiedź naszą stronę internetową, aby znaleźć materiały w ponad 40 językach, rejestrując się otrzymasz bezpłatny periodyk online. Na stronie zobaczysz również pełną listę naszych witryn w różnych językach: 9marks.org/about/international-efforts

**Angielski: 9marks.org | Polski: pl.9marks.org**

# IX 9Marks

## Książki IX 9Marks dostępne w języku polskim:

**Czym jest ewangelia?**
*Greg Gilbert*

**Dziewięć cech zdrowego kościoła**
*Mark Dever*

**Dyscyplina w kościele**
*Jonathan Leeman*

**Jak wygląda zdrowy kościół?**
*Mark Dever*

**Zdrowi członkowie kościoła**
*Thabiti M. Anyabwile*

wydane przez: Fundacja Ewangeliczna
ul. Myśliwska 2, 87-118 Toruń
www.fewa.pl

www.ingramcontent.com/pod-product-compliance
Lightning Source LLC
Chambersburg PA
CBHW080028130526
44591CB00037B/2709